U0555859

本书为山东省社会科学规划研究青年项目“人工智能时代自动驾驶汽车保险的理论建构与制度创新”（批准号：21DFXJ10）的最终成果。

ZIDONGJIASHIQICHE
BAOXIANFALÜZHIDUYANJIU

自动驾驶汽车保险法律制度研究

康雷闪　山东省新泰市人民检察院课题组◆著

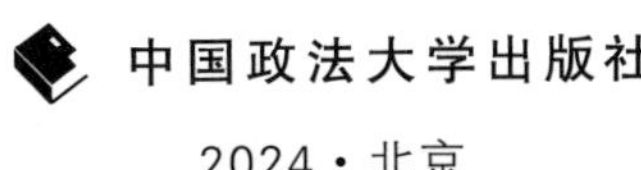

中国政法大学出版社

2024 · 北京

图书在版编目（CIP）数据

自动驾驶汽车保险法律制度研究 / 康雷闪著. 北京 : 中国政法大学出版社, 2024. 8. -- ISBN 978-7-5764-1703-6

Ⅰ. D922.284.4

中国国家版本馆 CIP 数据核字第 2024M70R55 号

出版者　中国政法大学出版社
地　址　北京市海淀区西土城路 25 号
邮寄地址　北京 100088 信箱 8034 分箱　邮编 100088
网　址　http://www.cuplpress.com (网络实名：中国政法大学出版社)
电　话　010-58908586(编辑部) 58908334(邮购部)
编辑邮箱　zhengfadch@126.com
承　印　固安华明印业有限公司
开　本　880mm×1230mm　1/32
印　张　6.625
字　数　200 千字
版　次　2024 年 8 月第 1 版
印　次　2024 年 8 月第 1 次印刷
定　价　49.00 元

前言

汽车产业是国民经济重要的战略性、支柱性产业，汽车产业现代化是我国从制造业大国向制造业强国转化的重要环节。随着互联网、云计算、人工智能等新技术在汽车领域的广泛应用，汽车正由人工操控的机械产品加速向智能化系统控制的智能产品转变，自动驾驶汽车已然成为全球汽车产业发展的战略方向。自动驾驶公交车、出租车、快递车、零售车，以及自动驾驶技术向家用汽车的推广与普及，自动驾驶汽车参与道路交通已是不可逆转之趋势。其优势众多，但技术自身的缺陷也将带来新的道路交通安全隐患。作为一种改变既有规则的技术，自动驾驶汽车自其产生之日起就在社会上引发了广泛关注，Uber 自动驾驶汽车在公共道路上撞击行人致死事件、特斯拉自动驾驶汽车与卡车相撞事件等引发了各界关于自动驾驶汽车监管、法律责任等方面的激烈讨论。更为重要的是，作为第一批广泛融入社会的智能产品，自动驾驶汽车可能会为其他智能产品的技术发展与法律规则定下基调。[1]然而，技术发展的激进

〔1〕［英］帕特里克·林、瑞安·詹金斯、基思·阿布尼主编：《机器人伦理学 2.0：从自动驾驶汽车到人工智能》，毛延升、刘宇晗、田野译，上海交通大学出版社 2023 年版，第 2 页。

性、不可逆性与法律规则变革的保守性、可逆性[1]存在内生冲突。传统以人类驾驶员、手动驾驶为中心构建起来的法律秩序将受到前所未有的冲击，现有的法律主体、法律行为、法律关系、法律责任、法律监管等法律制度都需要重新审视。[2]

自动驾驶技术自身不是完美无缺的，不可能完全避免交通事故的发生，反而可能会带来新的风险。人类自身也不是完美无缺的，在某种程度上人类可能才是最危险的因素。技术与人类的结合将会带来新的难题。庄子有云："有机械者必有机事，有机事者必有机心。机心存于胸中则纯白不备。纯白不备而神生不定，神生不定者，道之所不载也。"[3]自动驾驶汽车正是技术风险与人类风险的集合体，这给道路交通风险管理带来了新挑战。保险作为汽车道路交通风险管理和填补交通事故受害人损失的重要机制，正被带入更广阔的全新发展领域。自动驾驶汽车保险发展的外部环境已经具备，但自动驾驶汽车法律制度的空缺及保险创新意识的欠缺，致使现有保险制度无法满足自动驾驶汽车技术发展的现实需求。时代的需求和法制的落后推动了自动驾驶汽车保险理论和实践的兴起，为自动驾驶汽车保险的研究提供了广阔的空间。因此，从法学的角度，研究自动驾驶汽车保险之理论变革与制度构建是一项十分迫切和有意义的工作。

自动驾驶这一技术革新给交通领域带来的风险来源和风险类型的变化，也对既有车辆保险的规则提出了变革要求。目前，我国立法对车辆保险的设计仍停留在传统机动车时代，尚未对

〔1〕 陈亮、张光君主编：《人工智能时代的法律变革1》，法律出版社2020年版，第3页。

〔2〕 郑志峰：《自动驾驶汽车的私法挑战与应对研究》，中国法制出版社2022年版，第2页。

〔3〕《庄子·天地篇》。

自动驾驶汽车作出有效回应。学界对于在自动驾驶时是否可以沿用现行车辆保险体系多有争议。对于产品责任险、制造商企业责任等方案能否替代传统车辆保险众说纷纭。“单一承保模型”“二元赔付体系”“双轨制方案”“交强险消灭论”等对于车辆保险如何因应自动驾驶技术的发展讨论良多。

本书在讨论自动驾驶汽车及其法律地位、自动驾驶汽车侵权理论、自动驾驶汽车的风险类型、自动驾驶汽车对传统车辆保险的冲击等理论问题的基础上，尝试构建我国自动驾驶汽车的交强险法律制度以及自动驾驶汽车的商业险法律制度。以期促进车辆保险制度在自动驾驶时代的正常运转，为确定自动驾驶汽车的保险方案提供参考。

本书共分为七章，分别从自动驾驶汽车概述、自动驾驶汽车的法律地位及伦理道德、自动驾驶汽车侵权的归责理论、自动驾驶汽车对传统车辆保险的冲击、域外自动驾驶汽车保险法律制度的考察、自动驾驶汽车保险法律制度的体系构成、自动驾驶汽车保险法律制度的构造等角度展开。

第一章为自动驾驶汽车概述。系统梳理了国内外自动驾驶技术与自动驾驶汽车的发展历程、自动驾驶汽车的分类标准以及我国关于自动驾驶汽车的相关政策。

第二章为自动驾驶汽车的法律地位及伦理道德。自动驾驶汽车只是高度智能化的汽车，并没有超出客观“物”的范畴，因此无需赋予自动驾驶汽车法律主体资格。算法作为自动驾驶汽车的“神经中枢”，是由自动驾驶汽车背后的设计者和生产者所设定的，其出厂后无法通过自主学习创造出新的算法、无法摆脱人类的控制，由此决定了其自身不具有意志能力。责任承担问题的根源是具有道德上的非难性，但自动驾驶汽车在行驶中判断善恶的根源是自动驾驶系统设计者的善恶，这导致其不具有道德上的非难性。且责任的承担不仅在于自主抉择意识对其自身行为的控制，还在于责任的承担具有一定的社会意义，但自动驾驶汽车承担责任不具有社会意义。

第三章为自动驾驶汽车侵权的归责理论。自动驾驶汽车侵权归责的学说可被归纳为“一般论”与“例外论”。持“一般论”者基于法律的稳定性等原因，主张参照适用现有的侵权责任归责理论，如雇主替代责任、动物侵权责任、公共承运人责任、核事故侵权规则产品责任规则等。持“一般论”者从自动驾驶汽车的特殊性角度出发，提出为之构建特殊侵权责任规则，如依照汽车所处模式确认责任主体，适用过错归责原则；赋予自动驾驶汽车法律主体地位；构建制造商企业责任制度；引入生产者强制保险制度由汽车制造者承担产品缺陷责任等。对于自动驾驶汽车侵权可能涉及的驾驶人、制造商两个责任主体，应明确其责任承担规则。驾驶人适用过错推定责任，如果驾驶人违反驾驶自动驾驶汽车所负有的义务，其过错就可被推定，除非其能够举证证明已尽到合理注意义务，或者基于当时的具体情况不能期待其尽到注意义务。制造商承担产品责任最为合适，但是该规则的适用也有两个亟须解决的问题，即自动驾驶汽车缺陷证明责任的分配与自动驾驶汽车缺陷的认定标准。

第四章为自动驾驶汽车对传统车辆保险的冲击。自动驾驶技术带来的风险呈现出多样性、复合性、难以预测性、不可控性以及社会性的特点，诸如技术风险、网络安全风险、交通出行安全风险、数据安全风险、伦理道德风险等等。新风险的产生意味着传统汽车的保险模型不再完全适用于自动驾驶汽车，现行机动车保险体系受到了全方位的冲击与挑战。传统机动车保险体系的驾驶员、责任主体、投保主体、救济和保障对象、保险内容等都因自动驾驶汽车的出现受到了不同程度的影响，因此必须重新审视传统的机动车保险体系。

第五章为域外自动驾驶汽车保险法律制度的考察。美国联邦层面制定的《自动驾驶系统2.0：安全展望》及《自动驾驶汽车责任保险原则》对美国各州具有指导性意义。《欧盟机器人民事法律规则》提出为人工智能建立强制保险及赔偿基金制度，旨在保障受害者得到有效赔偿。英国的《自动与电动汽车法案》建立了涵盖自动驾驶汽车本身及被保险人的“单一承保模型”。德国颁布的《道路交通法第八修订案》规定了配备数据记录系统助力责任划分，提高自动驾驶事故交强险赔偿额度。加拿大保险局（IBC）发布的名为“自动驾驶汽车保险：为未来交通方式做准备”的报告重点提出了三项建议：一是建立一体化保险单；二是建立数据共享机制；三是更新车辆安全标准和网络安全标准。日本发布的《自动驾驶相关制度整备大纲》建立了“先行赔付”规则。韩国发布的《汽车事故赔偿法（修正案）》规定首先由保险公司赔偿受害人，然后根据自动驾驶汽车是否存在产品缺陷确定汽车制造商是否负连带责任。

第六章为自动驾驶汽车保险法律制度的体系构成。交强险在自动驾驶汽车时代继续适用有其合理性，包括法律依据、促进技术发展与受害人保护的政策导向。但现行交强险存在责任限额不均衡、投保主体单一、受害人范围狭窄以及保险人追偿权行使事由不再适宜等问题，需要进行调整。在商业险中，自动驾驶技术的引入给传统汽车商业险制度带来了新的挑战，包括事故风险致害可能、传统车辆商业险承继难题等。基于以上难题，本书提出构建“交强险-产品责任险-车主商业险”的三层级体系，以适应自动驾驶汽车的特点，提供更完善的保障。

第七章为自动驾驶汽车保险法律制度的构造。“交强险-产品责任险-车主商业险”的三层级体系需要对现行保险制度进行重构。交强险部分，通过提高责任限额、增加投保主体、扩大受害人范围和修订追偿权行使事由等措施，可以更好地适应自动驾驶时代的发展需求。商业险部分，保险人应当充分考虑到技术的特殊性、法律的空白点以及市场的实际需求，精准把握风险评估的精确性、责任归属的明确性、保费厘定的合理性等因素。并据此确定保险人、被保险人、承保范围以及保费厘定，重构产品责任险与车主商业险的商业保险体系。

本书的写作，新泰市人民检察院课题组主要负责一、二章，其他章节由康雷闪负责。本书的资料搜集与整理得到了龚晓敏、任长治、宋玉琴、殷楠、彭佳怡、朱彩灵、李德鹏等同学的协助，在此衷心感谢。

在自动驾驶尚未完全普及的当下，研究其保险制度问题是一项虽“冒险”但有意义的工作，未来的样貌只能根据现有情况“揣测一二”，难免疏漏，恳请各位读者不吝指正。

目 录

第一章

自动驾驶汽车概述

一、交通技术的发展

交通运输始终是推动人类文明进步的关键因素。在当代社会，运输对国内外发展及国际商贸往来至关重要。数千年间，从原始人搬运猎物到石器时代智人发现树桩滚动原理并制造用于运输猎物的简易“交通工具”，人类一直在寻求便捷运输的方式。随着“滚动原理”的应用，轮子等“科技产品”应运而生，进而发展出了通过在轮子上构建一系列物理框架使之具备不同载重能力和运输性质的各类运输工具。公元 600 年马车出现于人类的文明发展史中，至公元 16 世纪，马车等畜力运输虽一度盛行，但牲畜带来的不便和环境污染问题也日益凸显。诚然，自动驾驶汽车的发展要素与当代社会背景密切相关，但即使具有相同的技术背景，也会因研究差异而引发社会价值上的矛盾。然而，若将现代交通与石器时代相比，那时的人们发现圆形树桩易于滚动且省力，于是掏空树木制成运输猎物的“交通工具”。这一发现不仅展示了人类智慧的进化，也预示了交通方式的变革。

农耕封建时代的落幕标志着人类文明步入了蒸汽时代这一

崭新篇章。1886年，德国工程师卡尔·本茨成功打造出了世界上首辆三轮汽车“奔驰一号”，它采用四冲程汽油机驱动，以独立转轴实现转向，其设计原理与现代汽车方向盘颇为相似，因此被誉为汽车工业的先驱。[1]随后，内燃机时代的到来彻底改变了运输方式的格局，它替代了畜力，成了新的动力核心。当时的人们普遍认为，这种更为便捷且可控的“发动机”将解决畜力运输带来的环境污染和卫生健康问题。然而，随着内燃机汽车的普及，它不再是奢侈品，而是成了大众的日常交通工具，新的问题也随之浮现。其中，最为严重的便是能源消耗导致的废气污染问题。随着内燃机扩大其使用场景并成为生产生活的主要供能主体，其消耗能源所排放的废旧气体引发了严重的公害问题。1952年12月4日，伦敦城发生的“烟雾”事件震惊世界，内燃机排放的烟尘和气体在低空聚集，形成了一周不散的浓雾，笼罩整个城市，导致近五千人因呼吸道疾病死亡，该事就是所谓的“雾都劫难”。然而，尽管汽车已成为居民的主要出行工具，其带来的侵害人身与财产风险却未被政府充分调控。数据显示：非战争国家中，除不可抗力发生的天灾外，交通事故每年致死人数高达119万左右，远超故意伤害犯罪的损伤。

19世纪60年代，第二次科技革命席卷全球，人类步入电气化与汽车时代。随后的两个多世纪，人类成功经历了4次科技革命，推动了文明的飞速进步。20世纪的革命性产品“计算机”已发展到了性能完备阶段，其强大的基本功能结合先进科技程序，使自动驾驶汽车得以亮相。如今，科技发展空前，人工智能、5G移动通信、物联网等技术日益成熟，并与实体产品完美结合。其中，自动驾驶汽车正是新一代数字技术赋能的典型代表。

近年来，随着汽车企业不断推动整车自动化和智能化的发

---

〔1〕 https：//zhuanlan.zhihu.com/p/408637815，访问时间：2024年4月19日。

展，市场对自动驾驶的接受度日益提升，带有辅助驾驶或自动驾驶功能的汽车销量迅猛增长。自动化与电动化正共同重塑全球汽车产业格局。[1]与内燃机取代畜力的变革相比，自动驾驶技术对载具发展的影响更为深远。无论动力源如何，驾驶的核心始终是“人”，人为因素（如主观意识判断失误或生理不适）引发的交通事故和伤害风险难以避免。自动驾驶技术的意义在于通过辅助驾驶技术减少甚至消除人为失误导致的意外事故风险。自动驾驶和人工智能等技术被视为继蒸汽机、电气和信息化时代后的第四次工业革命的重要推动力。[2]

自动驾驶汽车以及自动驾驶技术是传统汽车驾驶辅助技术与新科技技术相结合的产物，其引领了汽车领域的技术变革。国内研究表明，融合诸多新兴技术的自动驾驶汽车凭借其便捷、安全、高效、低碳等方面的优势，成了未来汽车产业演进的必然形态。[3]诚然，自动驾驶汽车是交通运输与信息、通信等技术高度融合的产物，涉及研发、测试、示范应用等多个步骤和环节。其中，标准规范在技术开发和产业系统构建中发挥着基础性和引领性作用。[4]但金无足赤，由于规范制定的滞后性，在产能核心畜力转化为内燃发动机的历史时期，存在汽车事故频发但责任负担系统化规范缺失的空窗期。同理，尽管自动驾驶汽车能显著减少载具使用者的驾驶失误，但其驾驶系统在私法语境中是否需承担交通事故责任仍待明确。

---

〔1〕 李晓华：《自动驾驶的发展现状、挑战与应对》，载《人民论坛》2023 年第 18 期。

〔2〕 王劲：《无人驾驶汽车，引领第四次工业革命》，载《汽车纵横》2016 年第 6 期。

〔3〕 童俊等：《城市可持续发展背景下突发公共卫生事件的标准化研究》，载《标准科学》2020 年第 11 期。

〔4〕 吴盛豪、郑素丽、杨璐琦：《国外自动驾驶汽车标准发展趋势及其对我国的启示》，载《标准科学》2021 年第 11 期。

二、域外自动驾驶汽车的发展

欧美国家在过往的技术革命中扮演中流砥柱的角色，其作为最大受益方收益颇丰。早在20世纪初美国便推出了自动化无人驾驶的初始产品，如“美国奇迹”（American Wonder）以及科幻电影或广告宣传中提到的概念车型等，它们展示了汽车无人操控的特性。然而，这些产品仅限于通过遥控天线进行远程控制，并未实现车辆自身的智能技术，因此并不符合现代自动驾驶的定义，更接近于大型遥控汽车。此外，这些产品的应用场景非常有限，主要被用于战争以减少伤亡或在特定轨道上运行以确保安全，一旦偏离预设轨道，便可能带来未知风险。同时，这些初始产品的适用情景十分单一，仅可用于战争领域以减少士兵伤亡，或只能在特定轨道运行才具有安全性，一旦脱离原设计划便会造成未知损害。〔1〕即便如此，各类创新和概念的提出已然为当下自动驾驶汽车产品的质变提供了基础设想，也表达了人们对该类产品的期待。遗憾的是，这些对未来美好的期待与愿景却因二战而陷落，自动驾驶汽车研究也因此被时代所搁置。

二战结束后人们对自动驾驶的研究热情重新被点燃。1961年，世界上公认的第一台自动驾驶汽车“Stanford Cart”问世。〔2〕进而在20世纪六七十年代通过不断的技术研发，实现了初期的自动驾驶，但在编程和计算机的操纵下，该车向前移动1米需要长达20分钟左右的时间。又经过7年时间，1986年，德国慕尼黑大学开发出了第一辆真正意义上的自动驾驶汽车——一辆

〔1〕 https：//new. qq. com/rain/a/20210105A09QIE00，访问时间：2024年4月19日。

〔2〕 https：//www. 36kr. com/p/1721979207681，访问时间：2024年3月24日。

奔驰厢式货车，该车配备有当时最先进的摄像和传感技术，时速最高可达 90 公里。1995 年卡内基梅隆大学的科研人员制作出了自动驾驶卡车“NavLab 5”，该车仅需测试人员控制刹车与油门，利用其挡风玻璃搭配的摄像头与人工智能系统相配合识别车道线条以自行矫正驾驶方向，实验中司机驾驶此车行驶了 3000 余英里。21 世纪初，2001 年美国深陷阿富汗战争，美军方发现其士兵在战场中因炸弹造成大量伤亡。就此，美国国会通过了一项法案——至 2015 年，美军方用车必须至少有 1/3 采用无人驾驶汽车。截至 2002 年，美军方已投入大量的人才和经济资源用于开发无人驾驶技术，但收效甚微。负责该项目的 DARPA 提交的产品要么重量过大要么速度过慢，不符合军方的应用要求。2003 年阿富汗战争彻底爆发，但自动驾驶汽车产品始终无法满足其实际需求，美军方开始对 DARPA 施加开发压力，并采取奖金形式激励其研发人员，以求取得突破性成果。有了资金支持的 DARPA 另辟蹊径，通过开办“DARPA 挑战赛”、放榜高额奖金的方式吸引各研究机构以及高校参加。2004 年第一届 DARPA 挑战赛可以说以失败落幕，在该公司设立的自然恶劣环境赛道之中，所有参赛车辆未有一台成功抵达终点。2005 年第二届比赛召开，相比于第一届该公司对参赛路径的挑选施以更加严苛的道路挑选标准，致使赛道中所体现的恶劣程度远超第一届，但有 5 台参赛汽车奇迹般地完成了该大赛，其分别是斯坦福大学的“Stanley”，卡内基梅隆大学的“Sandstorm”与“H1ghlander”，格雷保险公司投资开发的“Kat -5”以及奥什科什卡车公司开发的“TerraMax”。自此，基于美方军事需求，自动驾驶汽车发展历史迎来了一个里程碑式节点，DARPA 通过两届大赛获得了技术收益和社会关注，也实现了自动驾驶汽车技术发展的根本目的。但随后有人指出，虽然两届比赛选取的自然环境在恶劣程度上足以匹配现实情形，但在环境复杂性和社会性上仍有局限，无法应对现实中动态障碍物的挑战。为此，DARPA 于 2007 年举办了第三次比赛“Urban Challenge”（城市挑战赛）。值得一提的是，在 2007 年第三届挑战赛，关注比赛的有两位重量级粉丝拉里·佩奇（Larry Page）与谢尔盖·布林（Sergey Brin）——谷歌公司的两位创始人，而他们支持的“Junior”汽车产品更是荣获了第二名的佳绩。

至此，自动驾驶汽车技术结束了发展的萌芽期。据不完全统计：2010 年前，有关该技术的世界专利申请和相关行业标准仅十余项。在此期间，自动驾驶技术未曾以单独的技术研发目标为发展方向，通俗而言，其定义仍然基于“辅助驾驶技术”范畴而非独立的“自动驾驶技术”范畴。2010 年起，深度学习与人工智能兴起；深度学习技术能够为自动驾驶提供更高级的感知和决策能力，使得自动驾驶系统逐渐成为可能。同年，相关驾驶技术的发展迎来了发展史上的第一个春天；在 2010 年一年期间，单就世界各车企与研发中心申报的相关行业标准数量而言，技术发展便已达到了第一个峰值。[1]如此看来，在自动驾驶汽车领域，西方国家的确是最先对其投入科研并一直处于技术前沿，其中尤以硅谷的科技公司最为亮眼，其开发的测试车辆经常出现在加利福尼亚州等地。自 2012 年谷歌公司初次尝试并完成无人驾驶汽车后，美国自动驾驶汽车品牌特斯拉可谓真正实现了该产品的商业化量产；该公司在一台汽车上实现了其各类辅助技术的高度集成，通过应用摄像头、传感器、雷达、车载处理器等技术载体，集成了部分基础性的智能驾驶功能，

---

〔1〕 N. Brunsson, A. Rasche and D. Seidl, “The Dynamics of Standardization: Three Perspectives on Standards in Organization Studies”, *Organization Studies*, 33 (2012).

其智能驾驶系统 Autopilot 可以帮助驾车司机实现相应的辅助驾驶。[1]同时，欧洲各国家也在积极推进自动驾驶技术。一些城市进行了自动驾驶公共交通试点项目，并通过此类项目逐渐完善了一套基于仿真测试、在环测试和道路测试的自动驾驶测试规程。随后，联合国世界车辆法规协调论坛自动驾驶与网联车辆工作组在此基础上提出了多支柱的测试方法。2020 年起，自动驾驶技术开发的商业化进程加速。全球各大科技公司和汽车制造商纷纷投入自动驾驶技术的研发，并开始在部分地区推出自动驾驶服务。

时至今日，美国已将自动驾驶技术拓展至民用领域，并施以政策及法律法规支持。如 2022 年《无人驾驶汽车乘客保护规定》、2021 年《自动驾驶汽车综合计划》、2020 年《自动驾驶汽车立法大纲》《确保美国在自动车辆技术方面的领先地位》、2018 年《为交通的未来做准备：自动驾驶车辆 3.0》、2017 年《自动驾驶汽车法案》《汽车安全与隐私法案》《自动驾驶系统 2.0：安全愿景》、2016 年《联邦自动驾驶政策：加速道路安全变革》等。[2]

三、国内自动驾驶汽车的发展

（一）国内自动驾驶汽车的发展历程

1978 年，我国迎来改革开放，高新技术产业进入高速发展时期，国内关于无人驾驶技术的研究也随之萌芽。20 世纪 80 年代，我国无人驾驶的技术研发项目正式启动，其中典型项目如

〔1〕 颜超：《自动驾驶汽车技术发展中的安全威胁及策略研究》，载《信息网络安全》2021 年第 S1 期。

〔2〕 https：//new. qq. com/rain/a/20221007A0112600，访问时间：2024 年 4 月 3 日。

“遥控驾驶的防核化侦察车”项目获得国家立项并由哈尔滨工业大学联合沈阳自动化研究所以及国防科技大学共三家高校共同参与研发。

1991年至1995年，也就是我国第八个五年计划期间，由北京理工大学、国防科技大学牵头共计5家高校联合，成功研制了ATB-1型号无人车。该车作为我国第一辆能够实现自主行驶的测试车，行驶速度可达21公里/小时。ATB-1的诞生不仅象征着中国无人驾驶行业的萌芽已崭露头角，更标志着该行业正式步入成长探索时期，这意味着无人驾驶的技术研发领域已然迎来了发展的春天。[1]

2011年7月14日，红旗汽车研发的自动驾驶车型——HQ3，在长沙至武汉的高速公路上完成了长达286公里的全程无人驾驶试验。在整个过程中，车辆以平均时速87公里自主驾驶，成功应对了复杂多变的交通状况，创造了我国自主研制的无人车在复杂交通环境下自主驾驶的全新纪录。这标志着我国无人驾驶汽车技术在复杂环境识别、智能行为决策和控制等关键技术领域实现了新的突破，我国无人驾驶汽车技术迈上了新的里程碑。

2012年11月24日，中国军事交通学院成功研制出了一款名为“军交猛狮Ⅲ号”的自动驾驶汽车。该车基于一台黑色现代途胜越野车进行改装升级，成功完成了114公里的京津高速自动驾驶之旅。该车于车顶安装了一套复杂的视听感知系统，并配备了2台计算机以及1台备用计算机，这些计算机组成的执行系统能够高效处理视听感知系统所获取的各类信息，确保无人车能够自主完成刹车、油门控制、制动以及换挡等关键操作。

---

〔1〕 https://blog.csdn.net/m0_46573428/article/details/124522214，访问时间：2024年4月19日。

2015年8月，宇通大型客车在郑开大道成功完成了国内首个32.6公里客车自动驾驶试验，最高时速达68公里/小时，全程无需人工干预，但配备司机以应对紧急情况。同年12月，百度宣布其无人驾驶车在国内首次实现城市、环路及高速的全自动驾驶，测试路线覆盖多种路况；该车从北京市中关村软件园的百度大厦附近出发，先后驶入G7京新高速公路、五环、奥林匹克森林公园，随后按原路线返回，最高速度达到100公里/小时，来回行驶中均采用自动驾驶，并实现了多次跟车减速、变道、超车、上下匝道、调头等复杂驾驶动作以及不同道路场景的切换。

2016年4月17日，长安汽车成功完成2000公里长距离超级无人驾驶测试项目，历时近6天，途经四川、河南及河北等多省市最终抵达北京。据长安汽车制造集团的智能汽车技术发展蓝图表明，长安汽车计划2018年实现高速路况自动驾驶汽车量产，2025年达成复杂城市路况自动驾驶汽车的量产目标。同年6月7日，工业和信息化部批准首个自动驾驶封闭测试区——“国家智能网联汽车（上海）试点示范区”运营，标志着中国自动驾驶汽车进入实操阶段，推动从抽象概念到具体产品的落地。同期举办的“中国智能汽车大赛”也为技术普及贡献了力量。

2017年4月17日，百度汽车携手德国汽车零部件巨头博世公司，展示了高速公路辅助功能增强版演示车。该车整合了百度高精地图与博世道路特征服务，并通过博世摄像头、毫米波雷达的百万量产车辆数据众包实现了高精地图数据的实时更新。演示车已具备高速公路部分自动驾驶能力，涵盖车道保持及司机监控下的车道自动切换。借助新增的先进定位技术，车辆能自动调控速度进出弯道；结合增强现实人机界面技术，为司机提供更为舒适、安全的驾驶体验。[1]

---

〔1〕 https：//zhuanlan. zhihu. com/p/561129837，访问时间：2024年4月19日。

2018 年 7 月 4 日，百度汽车制造携手厦门金龙公司成功打造出了全球首款 L4 级自动驾驶巴士——“阿波龙”，实现了从实验车型到商品化量产的跨越。这款自动驾驶巴士搭载了百度最新的 Apollo 智能驾驶系统，集高精定位、智能感知、智能控制等先进功能于一身，彻底摒弃了方向盘、驾驶位、油门和刹车等传统驾驶元素，成了真正意义上的无人自动驾驶汽车。[1]

国内已将自动驾驶汽车列为关键发展领域，各大技术公司、车企及研发机构亦积极投入推动其发展，多个试点项目已在部分城市开展测试运营。深圳作为全国首个全场景开放 L3 级自动驾驶的城市，其《深圳经济特区智能网联汽车管理条例》不仅解决了 L3 级及以上自动驾驶的核心问题，更为全国 L3 级自动驾驶的落地提供了政策模板，从而加速自动驾驶的发展步伐。[2]《中国制造 2025》将智能网联汽车列入国内产业十大重点发展领域，并设定了制定标准的目标，但当前距离科研标准仍有较大差距，完成 2025 年标准法规体系的任务艰巨。原因有两方面：一是自动驾驶汽车技术标准的技术含量高、研制难度大，客观上需足够时间以充分论证；二是标准制定涉及多个部门和产业，部门间协调困难导致标准的研制和发布速度缓慢。[3]另外，2015 年 7 月 1 日《国务院关于积极推进“互联网+”行动的指导意见》指出，“依托互联网平台提供人工智能公共创新服务，加块人工智能核心技术突破，促进人工智能在智能家居、智能终端、智能汽车、机器人等领域的推广应用”。

---

〔1〕 https：//m. thepaper. cn/baijiahao_ 9575871，访问时间：2024 年 4 月 19 日。

〔2〕 https：//new. qq. com/rain/a/20220802A01MUP00#：~：text =% E3% 80% 81，访问时间：2024 年 4 月 3 日。

〔3〕 杨良坤等：《自动驾驶标准体系及测试发展路线分析》，载《交通节能与环保》2019 年第 6 期。

(二) 我国自动驾驶汽车的政策沿革

我国对智能网联汽车的总体规划始于2014年10月，工业和信息化部委托中国汽车工业协会、中国汽车工程协会及全国汽车标准化技术委员会共同研究。其中，中国汽车工程协会负责制定技术路线图，全国汽车标准化技术委员会则负责规划标准体系。

2015年，国务院发布的《中国制造2025》[1]将智能网联汽车列为未来十年国家智能制造发展的重点，明确提出了到2020年和2025年分别掌握智能辅助驾驶和自动驾驶的总体及关键技术目标。同年，国务院还发布了《中国智能网联汽车标准体系建设方案》(第1版)。

2016年6月，在第二届国际智能网联汽车技术与标准法规研讨会上，中国汽车技术研究中心透露“全国汽车标准化技术委员会已经完成《先进驾驶辅助系统术语和定义》ISO标准草案的准备工作”。同年10月底，《中国智能网联汽车技术发展路线图》正式发布，旨在引导汽车制造商研发及支持未来政策制定。

2017年4月6日，工业和信息化部、国家发展和改革委员会、科技部联合发布《汽车产业中长期发展规划》，[2]指出到2020年培育形成若干家进入世界前十的新能源汽车企业、若干家超过1000亿规模的汽车零部件企业集团，到2025年培育若干家进入全球前十的汽车零部件企业集团，突破产业链关键短板，掌握从零部件到整车的关键核心技术；到2025年若干家中国汽车品牌企业产销量进入世界前十强，中国品牌汽车实现全球化发展布局等。旨在培育新能源汽车和零部件企业集团，提升中

---

〔1〕 https://www.gov.cn/zhengce/zhengceku/2015-05/19/content_9784.htm，访问时间：2024年4月3日。

〔2〕 https://www.gov.cn/gongbao/content/2017/content_5230289.htm，访问时间：2024年4月2日。

国品牌汽车的全球竞争力。在我国，机动车生产企业及产品需获得双重准入许可方可进行生产。2021 年 4 月，工业和信息化部发布的《智能网联汽车生产企业及产品准入管理指南（试行）（征求意见稿）》2021 年 7 月《工业和信息化部关于加强智能网联汽车生产企业及产品准入管理的意见》，针对 L2-L4 级别自动驾驶车辆，明确了产品准入的各项要求，如建立汽车数据安全管理制度、网络安全保障、数据本地化存储、实行风险减缓措施、具备人机交互功能、强制要求 L2 车辆配备脱手检测、L3/L4 车辆配备 DNS（驾驶员监控系统）以及 DSSAD（自动驾驶数据记录系统）和过程保障要求和测试要求等。这些要求与德国的车辆准入管理内容相近，均强调以安全为底线。然而，这两份文件仍属于框架性文件，车企无法仅凭其完成整个准入认证流程。

在自动驾驶汽车暂未纳入国家产品目录之际，深圳提出了《深圳经济特区智能网联汽车管理条例（征求意见稿）》，独创地方性准入机制与目录。该条例具有多项突破：首先，深圳突破了《智能网联汽车生产企业及产品准入管理指南（试行）（征求意见稿）》和《工业和信息化部关于加强智能网联汽车生产企业以产品准入管理的意见》的使用范畴，将 L5 纳入管理范畴，全面规定自动驾驶汽车（L3~L5）的测试、准入、登记、使用管理及道路运输；其次，高度及完全自动驾驶车辆在采取安全措施后，可不配备驾驶人。通过企业申报及准入豁免，车辆可纳入深圳地方目录，解决其不符合机动车安全标准的问题。至 2021 年底，地方政府已建 20 余个示范区，开放 3500 多公里测试道路，并积极开展监管试点，覆盖准入、数据安全、事故处理及技术标准全链条。自动驾驶法规制定遵循“中央政府定纲领、地方政府落实试点”原则，基于试点推动国家层面法规制定。各地政府不断完善监管体系，如深圳首次对自动驾驶进行高规格的专项立法，其法规覆盖全监管链条，尤其是在事故责任认定方面具有示范作用。

2017 年 12 月 15 日，北京市交通委员会、北京市公安局公安交通管理局、北京市经济和信息化委员会发布了《北京市关于加快推进自动驾驶车辆道路测试有关工作的指导意见（试行）》和《北京市自动驾驶车辆道路测试管理实施细则（试行）》，为北京地区的自动驾驶测试活动提供了管理依据。这是国内首次出台自动驾驶测试规定。该意见和细则明确了自动驾驶的官方定义，并提出了多项要求：申请方需为中国境内公司，每家公司最多申请 5 台车；测试主体需向第三方监管机构申请资格，并定期上传测试数据；每车需购买不低于 500 万元的交通事故责任保险；测试时驾驶座需配备测试员，不得搭载无关人员；事故处理遵循交管规定，测试员需承担法律责任；测试车辆需申请专用牌照并张贴，且需先通过封闭场地测试再进行公开道路测试；违反规定者将被取消测试资格、公示并至少禁测一年。

2017 年 12 月 27 日，工业和信息化部与国家标准化管理委员会联合发布了《国家车联网产业标准体系建设指南》系列文件，根据标准化主题对象和行业属性分为总体要求、智联汽车、信息通信及电子产品与服务等多个方面。其中，《国家车联网产业标准体系建设指南（智能网联汽车）》作为该系列文件的第二部分，于同日正式发布。该指南主要聚焦于智联汽车的通用规范、核心技术及关键产品应用，旨在推动车联网产业中智联汽车的标准化工作，并加速构建包含整车及其关键系统部件功能安全与信息安全在内的标准体系。其主要内容包括建设目标、技术逻辑与产品物理结构的构建方法、体系框架定义及近期计划，以及组织实施主体等。

2018年4月3日，工业和信息化部、公安部、交通运输部联合发布了《智能网联汽车道路测试管理规范（试行）》，明确了测试主体、驾驶人和车辆的条件，以及申请、审核、管理和事故处理等相关内容。同年10月21日，在世界智能网联汽车大会闭幕式上，北京市经济和信息化委员会发布了《北京市智能网联汽车产业白皮书》。该白皮书主要围绕智能网联汽车的内涵、产业范畴、国内外发展概况、北京的发展优势与挑战，以及创新发展行动方案等四个方面进行了全面阐述。

2019年9月，中共中央、国务院发布《交通强国建设纲要》，强调加强新型载运工具研发，特别是智能网联车（智能汽车、自动驾驶、车路协同）的研发，旨在形成自主可控的完整产业链。同年11月，工业和信息化部与国家标准化管理委员会发布《国家车联网产业标准体系建设指南（车辆智能管理）（征求意见稿）》，核心目标是构建车联网相关产业的标准体系。

2020年，国家发展和改革委员会、工业和信息化部等11部委联合发布《智能汽车创新发展战略》，设定了明确目标。智能化目标：至2025年，实现L3级自动驾驶规模化生产和L4级自动驾驶特定环境下的市场化应用；网联化目标：LTE-V2X实现区域覆盖，5G-V2X在部分城市、高速公路应用，高精度时空基准服务网络全覆盖。同时，中国标准的智能汽车体系将基本形成。[1]同年3月，《汽车驾驶自动化分级》（GB/T4029-2021）报批稿发布，该文件基于驾驶自动化系统能够执行动态驾驶任务的程度，根据在执行动态驾驶任务中的角色分配以及有无设计运行条件限制，明确了驾驶自动化功能的0级~5级分级标准。同年10月，《新能源汽车产业发展规划（2021—2035年）》

〔1〕 https：//www.gov.cn/zhengce/zhengceku/2020-02/24/P020240407711397915741，访问时间：2024年4月11日。

发布，强调深化“三纵三横”研发布局，以动力电池与管理系统、驱动电机与电力电子、网联化与智能化技术为“三横”，构建关键零部件技术供给体系，加强智能网联汽车关键零部件及系统开发。[1]

2021 年 4 月工业和信息化部发布的《智能网联汽车生产企业及产品准入管理指南（试行）（征求意见稿）》[2]设定了 L3、L4 级自动驾驶企业及产品的严格准入要求，行业门槛高，企业及产品准入成本随之增加。同年 7 月，工业和信息化部印发的准入意见为 L3、L4 自动驾驶汽车的量产铺平了道路。此外，各级地方政府对自动驾驶给予了大力支持，截至 2021 年底，已新建 20 余个示范区，开放 3500 多公里测试道路，并在示范区积极试点监管，覆盖全链条，包括准入、数据安全、事故处理及技术标准。同年 12 月，国务院发布《“十四五”现代综合交通运输体系发展规划》，其目的在于推动智能计算中心有序发展，打造智能算力、通用算法和开发平台一体化的新型智能基础设施，面向政务服务、智慧城市、智能制造、自动驾驶、语言智能等重点新兴领域，提供体系化的人工智能服务；同月的《“十四五”数字经济发展规划》[3]也旨在推动智能计算中心有序发展，打造智能算力、通用算法和开发平台一体化的新型智能基础设施，面向政务服务、智慧城市、智能制造、自动驾驶、语言智能等重点新兴领域，提供体系化的人工智能服务。

2022 年 2 月，《车联网网络安全和数据安全标准体系建设指南》聚焦车联网络端与设施网络安全、网联通信安全、数据安

〔1〕 https：//www. mckinsey. com. cn，访问时间：2024 年 4 月 1 日。

〔2〕 https：//www. miit. gov. cn/jgsj/zbys/wjfb/art/2023/art_ 4a67648dc58e483bab554f97045a8579. html，访问时间：2024 年 4 月 9 日。

〔3〕 https：//www. gov. cn/zhengce/content/2022-01/12/content_ 5667817. htm，访问时间：2024 年 4 月 9 日。

全、应用服务安全、安全保障与支撑等重点领域，着力增加基础通用、共性技术、试验方法、典型应用等产业急需标准的有效供给，覆盖车联网网络安全、数据安全的关键领域和关键环节。到2023年底，初步构建起车联网网络安全和数据安全标准体系。重点研究基础共性、终端与设施网络安全、网联通信安全、数据安全、应用服务安全、安全保障与支撑等标准，完成50项以上急需标准的研制。2022年4月，北京市智能网联汽车政策先行区正式发布《北京市智能网联汽车政策先行区乘用车无人化道路测试与示范应用管理实施细则（试行）》，成为国内首开乘用车无人化运营试点的标志。

2023年11月17日，《工业和信息化部、公安部、住房和城乡建设部、交通运输部关于开展智能网联汽车准入和上路通行试点工作的通知》首次针对搭载L3级和L4级自动驾驶系统的智能网联汽车开展准入试点、在限定区域内上路通行试点。该通知的出台将极大地推动我国高级自动驾驶商业化进程，助力我国在全球自动驾驶产业竞争中抢占领先地位；2023年11月21日，交通运输部办公厅印发《自动驾驶汽车运输安全服务指南（试行）》，就自动驾驶汽车适用范围、应用场景、人员配备、运输车辆、安全保障和安全监督等八个方面提出明确要求；北京市高级别自动驾驶示范区工作办公室于2023年5月、7月、11月发布了《北京市智能网联汽车政策先行区数据安全管理办法（试行）》《北京市智能网联汽车政策先行区数据分类分级管理细则（试行）》《北京市智能网联汽车政策先行区采集数据安全管理细则（试行）》等全国首个数据安全管理办法、数据分类分级管理细则、采集数据安全管理细则，以及全国首个针对在城市道路开展智能网联清扫车道路测试与示范应用活动的规范性文件《北京市智能网联汽车政策先行区智能网联清扫车管理细则（道路测试与示范应用）（试行）》和《北京市无人配送车道路测试与商业示范管理办法（试行）》。

自2016年起，我国各级行政管理机关紧密关注自动驾驶汽车的发展态势，为激发积极性和能动性，相继发布了一系列促进和规范自动驾驶的文件，具体内容详见下表。

2016年1月	《工业和信息化部、重庆市人民政府关于基于宽带移动互联网的智能汽车与智慧交通应用示范合作框架协议》
2017年7月	《上海市智能网联汽车产业创新工程实施方案》
2017年12月	《北京市关于加快推进自动驾驶车辆道路测试有关工作的指导意见（试行）》《北京市自动驾驶车辆道路测试管理实施细则（试行）》
2018年1月至2月	《保定市人民政府关于做好自动驾驶车辆道路测试工作的指导意见》 《北京市自动驾驶车辆道路测试能力评估内容与方法（试行）》 《北京市自动驾驶车辆封闭测试场地技术要求（试行）》 《上海市智能网联汽车道路测试管理办法（试行）》
2018年3月	《北京市自动驾驶车辆测试路段道路要求（试行）》 《重庆市自动驾驶道路测试管理实施细则（试行）》
2018年4月	《长沙市智能网联汽车道路测试管理实施细则（试行）》
2018年5月	《深圳市关于贯彻落实〈智能网联汽车道路测试管理规范（试行）〉的实施意见》
2018年6月	《广州市关于智能网联汽车道路测试有关工作的指导意见（征求意见稿）》 《天津市智能网联汽车道路测试管理办法（试行）》
2018年8月	《北京市关于加快推进自动驾驶车辆道路测试有关工作的指导意见（试行）》（修订版） 《北京市自动驾驶车辆道路测试管理实施细则（试行）》（修订版）

续表

	《杭州市智能网联车辆道路测试管理实施细则（试行）》 《平潭综合实验区无人驾驶汽车道路测试管理办法（试行）》 《长春市智能网联汽车道路测试管理办法（试行）》
2018年10月	《深圳市智能网联汽车道路测试开放道路技术要求（试行）》
2018年12月	《车联网（智能网联汽车）产业发展行动计划》
2019年9月	《交通强国建设纲要》
2019年11月	《国家车联网产业标准体系建设指南（车辆智能管理）》（征求意见稿）
2020年2月	《智能汽车创新发展战略》 《汽车驾驶自动化分级》（报批稿）
2020年10月	《新能源汽车产业发展规划（2021—2035年）》
2020年12月	《交通运输部关于完善综合交通法规体系的意见》 《交通运输部关于促进道路交通自动驾驶技术发展和应用的指导意见》
2021年1月	《交通运输部关于服务构建新发展格局的指导意见》
2021年2月	《国家综合立体交通网规划纲要》 《国家车联网产业标准体系建设指南（智能交通相关）》
2021年4月	《智能网联汽车生产企业及产品准入管理指南（试行）（征求意见稿）》
2021年7月	《5G应用“扬帆”行动计划（2021—2023年）》
2021年8月	《智能网联汽车道路测试与示范应用管理规范（试行）》 《交通运输部、科学技术部关于科技创新驱动加快建设交通强国的意见》
2021年9月	《物联网新型基础设施建设三年行动计划（2021—2023年）》
2022年1月	《“十四五”现代综合交通运输体系发展规划》 《“十四五”数字经济发展规划》 《“十四五”现代流通体系建设规划》

续表

2022 年 2 月	《车联网网络安全和数据安全标准体系建设指南》 《广州市科技创新“十四五”规划》 《温州市数字经济发展“十四五”规划》
2022 年 3 月	《湖南省智能网联汽车产业“十四五”发展规划（2021-2025）》 《辽宁省“十四五”城乡建设高质量发展规划》
2022 年 4 月	《关于开展汽车软件在线升级备案的通知》 《关于试行汽车安全沙盒监管制度的通告》 《广西交通运输北斗卫星导航系统应用“十四五”发展规划》
2022 年 5 月	《北京市“十四五”时期交通发展建设规划》
2022 年 6 月	《贵州省“十四五”综合交通运输体系发展规划》
2022 年 7 月至 8 月	2022 年 8 月《自动驾驶汽车运输安全服务指南（试行）（征求意见稿）》 《自然资源部办公厅关于做好智能网联汽车高精度地图应用试点有关工作的通知》 《科技部关于支持建设新一代人工智能示范应用场景的通知》 《广东省数字经济发展指引 1.0》 《上海市促进智能终端产业高质量发展行动方案（2022—2025 年）》 《成都市加快大模型创新应用推进人工智能产业高质量发展的若干措施》
2022 年 9 月	《海南省低速功能型无人车道路测试与示范应用管理办法（试行）》
2022 年 10 月	《重庆市自动驾驶和车联网创新应用行动计划（2022—2025 年）》
2022 年 11 月	《工业和信息化部、公安部、住房和城乡建设部、交通运输部关于开展智能网联汽车准入和上路通行试点工作的通知（征求意见稿）》

续表

2023 年 2 月至 3 月	《智能汽车基础地图标准体系建设指南（2023 版）》 《上海市无驾驶（安全）员智能网联汽车测试技术方案》 《贵阳贵安智能网联汽车道路测试与示范应用实施细则（征求意见稿）》
2023 年 5 月	《北京市促进通用人工智能创新发展的若干措施》 《武汉市数字经济发展规划（2022-2026）》 《2023 年河南省数字交通重点工作任务责任目标分解》
2023 年 6 月	《全面推进“电动福建”建设的实施意见（2023—2025 年）》
2023 年 7 月	《国家车联网产业标准体系建设指南（智能网联汽车）（2023 版）》 《海南省车联网产业发展规划》
2023 年 8 月	《重庆高新区深入推动制造业高质量发展实施方案（2023—2027 年）》
2023 年 10 月	《上海市进一步推进新型基础设施建设行动方案（2023—2026 年）》 《内蒙古自治区推动数字经济高质量发展工作方案（2023—2025 年）》
2023 年 11 月	《工业和信息化部、公安部、住房和城乡建设部、交通运输部关于开展智能网联汽车准入和上路通行试点工作的通知》 《自动驾驶汽车运输安全服务指南（试行）》
2023 年 12 月	《“数据要素×”三年行动计划（2024—2026 年）（征求意见稿）》 《安徽省数字基础设施建设发展三年行动方案（2023—2025 年）》

显然，在自动驾驶技术引领的信息技术与高科技衍生科技与工业产品深度融合的第四次科技革命浪潮中，我国从中央到地方各级部门均展现出了坚定而积极的发展支持态度。

四、自动驾驶技术的标准

（一）自动驾驶技术的国际标准

自动驾驶汽车的等级分类主要依据智能系统在驾驶中的参与程度，以界定人与车在不同技术等级下的法律边界。准确把握自动驾驶汽车的发展阶段，有助于降低技术变革给保险行业带来的风险和成本。

自动驾驶汽车技术的国际标准凸显了该技术发展的显著成就，集中展现了现代技术突破和研发的主流趋势。国际标准化组织（ISO）、欧洲标准化协会（CEN）、欧洲电信标准化协会（ETSI）以及美国自动机工程师协会（SAE）等机构在此领域扮演了重要角色。其中，ISO 是自动驾驶领域活跃度最高的标准组织，已发布 186 项相关标准。[1]在这些标准组织中，SAE 的标准主要集中在控制系统、V2V 通信以及人为因素等方面，但其他技术细分领域的标准仍需完善。而 SAE 发布的 SAE3016《标准道路机动车驾驶自动化系统分类与定义》规定的标准，则具有极高的国际影响力。该文件将自动驾驶汽车技术划分为 L0～L5 六个等级，并详细规定了各级别下驾驶员与自动驾驶系统的具体分工。自发布以来，该文件已成为国际自动驾驶汽车分级的主要参考，并在随后的几年中进行了 3 次细化与补充。

（二）自动驾驶技术的国内标准

迄今为止，国际自动机工程师学会（SAE）制定的自动驾驶等级分类标准仍是国际主流。虽然 SAE 将自动驾驶技术分为 L0～L5，但各级别中驾驶员对自动驾驶系统的干预可能性存在显著差异。目前，大多数自动驾驶汽车处于 L1～L3 级别，而 L4～L5 级

〔1〕 吴盛豪、郑素丽、杨璐琦：《国外自动驾驶汽车标准化发展趋势及其对我国的启示》，载《标准科学》2021 年第 11 期。

的自动驾驶技术仍处于研发阶段，尚未突破 L4 的界限。[1]

根据国家市场监督管理总局（标准委）发布的《汽车驾驶自动化分级》之规定，驾驶自动化共有 6 个等级。0 级~2 级驾驶自动化中，系统处于辅助地位，仅执行部分动态驾驶任务，尚不能被称为真正的自动驾驶。只有当自动化达到 3 级~5 级时，才构成通常意义上的自动驾驶，本书的研究也将在此基础上展开。

驾驶自动化等级与划分要素表

分级	名称	目标和事件探测与响应	车辆横向和纵向运动控制	是否持续执行全部动态驾驶任务	是否自动执行最小风险策略	是否存在设计运行范围限制
0 级	应急辅助	驾驶员和系统	驾驶员	否	否	是
1 级	部分驾驶辅助	驾驶员和系统	驾驶员和系统	否	否	是
2 级	组合驾驶辅助	驾驶员和系统	系统	否	否	是
3 级	有条件自动驾驶	系统	系统	在其设计运行条件下持续执行全部动态驾驶任务	否	是
4 级	高度自动驾驶	系统	系统	在其设计运行条件下持续执行全部动态驾驶任务	是	是

〔1〕 陶盈：《自动驾驶车辆交通事故损害赔偿责任探析》，载《湖南大学学报（社会科学版）》2018 年第 3 期。

续表

分级	名称	目标和事件探测与响应	车辆横向和纵向运动控制	是否持续执行全部动态驾驶任务	是否自动执行最小风险策略	是否存在设计运行范围限制
5 级	完全自动驾驶	系统	系统	在任何可行驶条件下持续执行全部动态驾驶任务	是	否

在自动驾驶汽车的发展路径上，存在两种不同策略：一是特斯拉所倡导的量产自动驾驶，强调在人机共驾与驾驶数据迭代中，逐步从 L2 升级至 L4 以上阶段。另一策略则是谷歌旗下 Waymo 的选择，即直接研发 L4 及以上级别的自动驾驶技术，先通过路测确保系统成熟安全，再量产商用。[1]近年来，特斯拉的路径已展现出了其可行性，通过收集规模化汽车数据，不断更新行车信息，实现大规模商用量产。

目前，无论是国际还是国内标准，自动驾驶汽车的等级都尚未达到真正严格意义上的自动驾驶。2021 年被视为高阶自动驾驶量产的起点，尽管正逐步实现从 L2 到 L3 的过渡，但由于技术和配套设施的限制，自动驾驶汽车在未来一段时间内仍将处于人机混合驾驶阶段。因此，驾驶员仍需承担相应的注意义务和接管义务，随时准备接管车辆，以确保自动驾驶辅助功能的安全性和可靠性。

综上所述，当前政策环境极大地推动了自动驾驶技术的进步和社会普及。自 2016 年以来，百余项政策文件在鼓励与限制

〔1〕 https：//zhuanlan. zhihu. com/p/596228830，访问时间：2024 年 4 月 19 日。

之间取得平衡，旨在控制自动驾驶普及过程中的风险，同时确保整个车企开发技术和社会部门进行管理的核心点——安全至上。因此，自动驾驶汽车的开发、生产、运营、测试等环节必须满足严格的硬件条件和应急能力，尤其是要加强前台安全员、后台安全监控和数据记录。在应对紧急情况、安全事故乃至侵权事件时，需明确责任划分，包括驾驶者和汽车企业的担责顺位和法律地位。在明晰自动驾驶汽车的域内外发展史、立体化了解域内外各国对自动驾驶汽车推出政策条件的基础之上，方能探讨在自动驾驶汽车发生事故时，如何判定责任归属，以及采用何种保险形式来有效分散各类风险。

第二章

自动驾驶汽车的法律地位及伦理道德

随着科学技术的高速发展，人工智能成了当今的重要议题。自动驾驶汽车是汽车行业人工智能技术应用的典型代表，其安全行驶不仅对使用者的人身及生命安全具有重要意义，对他人的权益及社会公共秩序也具有重大影响。自动驾驶汽车在极大便利人们出行的同时，也对当前的社会结构和法律体制提出了巨大挑战。自动驾驶汽车的法律地位对其使用行为的定性及在交通事故侵权责任认定分配中发挥着决定性作用，学界对是否应赋予自动驾驶汽车法律主体资格具有较大争议；当汽车处于自动驾驶状态并面临突发情况时，自动驾驶系统会作出决策，此时的决策行为将陷入无法避免的伦理困境。

一、自动驾驶汽车的法律地位

人工智能带来的权利风险和责任风险对人类的主体性发起了根本挑战。有些国家或地区通过法律直接或间接赋予人工智能法律主体资格的行为引发了学界的讨论：法律应该赋予人工智能法律主体资格，还是否认其法律主体资格？只有确定人工智能是否具有主体资格才能进一步创设具有可操作性的责任分配机制。

（一）法律地位概述

法律关系是以法律规范为基础形成的，以权利和义务为内容的社会关系。法律地位作为各个不同法律关系发生的基础要素，确定了不同的法律主体所应承担的不同法律责任。不同于社会关系，法律关系的形成和变化直接由法律规范的内容决定。由此可知，只有具备法律地位才能成为法律关系的主体。只有具备了法律人格，即获得了法律规定的主体资格，才具有实施法律行为，进而建立法律关系的可能性。法律地位的确定是法律关系发生的前提，决定了后续如何运用现行法律规范解决法律关系的责任分配问题。

法律地位的取得方式包括以下两种：第一种方式是法律地位的自动取得，即在法律所规定的范围内，具有法律主体的地位，自动成为某种特定权利义务关系的主体；第二种方式是主动取得，即某个主体通过法律上的承认或拟制获得法律地位，成为法律上权利义务的主体。

（二）人工智能法律地位的学说

人工智能技术被应用于生活的各个领域，而其法律地位的不确定性可能会对其发展造成一定的制约和影响。目前，许多国家的法律均尚未明确人工智能的法律地位，但随着其被广泛应用，其法律地位和责任问题也越来越引起关注。目前，我国学界对此的争论主要集中于法律主体说和法律客体说两方面，具体又可分为肯定说、有限说和否定说。研究观点大致如下：

1. 人工智能法律人格肯定说

主张肯定说的学者们认为，在某些范围内，人工智能应当具有法律主体资格，享有与民事主体同等的法律权利、履行相应的义务和承担一定的责任。

肯定人工智能具有法律人格的观点主要包括以下几种：

（1）电子人格说。电子人格说认为，人工智能是一种特殊的客观存在，在财产方面具有意思能力和责任能力，赋予其财产型人格符合理论要求，但因其自身不具有人身属性，故将其拟制为自然人型的“电子人”。[1]2017年2月16日，欧盟法律事务委员会表决通过《就机器人民事法律规则向欧盟委员会提出立法建议的报告草案》，其中将日益先进的自动化机器确定为“电子人”。“电子人”身份主要包括以下两点内容：一是人工智能是介于人和物之间的客观存在。人工智能不是人这一点是毋庸置疑的，无论人工智能的智能化进化到哪个阶段，都不可能成为人。但是，人工智能为什么也不是物呢？该说认为，人工智能主要依靠无形的系统发挥功能，这与民法上一般为自然力或者有形物不同；人工智能是人类根据一定的算法创设出来的，不属于自然力；随着人工智能的发展，人工智能自主性增强，其系统的运作更类似于人脑，捉摸不定。因此，人工智能不属于民法上的物。人工智能既不属于人，也不属于物，而是类似于动物的客观存在，但其具有更强的理性能力和学习能力，因此其更具有“近人性”，是一种比动物更高级的存在形式。二是人工智能的本质是财产而非工具。在民法上动物主要被视为财产，人工智能具有“近人性”的动物属性，并且能够被买卖、处分，因此应该将人工智能纳入财产的范围。与人工智能类似同样不具有人身关系的财团法人也被视为民事主体，并且有立法上的先例。例如，大陆法系国家的基金会等财团法人。

民法上的“人”需要具备“人格”，即民事主体资格。电子人格说认为，人工智能符合民事主体资格的实质要件，[2]具

---

〔1〕 张志坚：《论人工智能的电子法人地位》，载《现代法学》2019年第5期。

〔2〕 彭诚信：《论民事主体》，载《法制与社会发展》1997年第3期。

有意思能力和责任能力。人工智能具有自我意识和意思能力，可以自主为意思表示，即“一旦机器被启动且至少在某些运行领域，在真实世界的环境中不受任何形式的外界控制而长时间运行的能力”[1]。电子人格说认为，人工智能是否具有责任能力，关键在于其是否拥有独立财产。与法人类似，人工智能的背后主体是多元性的，人工智能造成损害结果时，最终的责任主体在于其背后的自然人，因此应该单独赋予其独立的财产地位，以此来分散风险，以人工智能的名义和财产对外承担责任，背后多元主体承担有限责任，从而能够有效地促进交易，实现利益平衡。因此，赋予人工智能电子人人格系技术进步、社会发展之需，也是综合考量人工智能现状及未来图景后进行法律决断的结果。[2]

（2）法律拟制说。法律拟制说认为，人工智能的法律人格独立且位次在自然人、法人及其他组织的人格之下；其只能拥有部分权利能力、行为能力和责任能力；人工智能虽然为人类所创造，但其在给定的框架内具有思维能力和自主性。该说突破了“非人即物”的传统思想，认为人工智能既不是物也不是人，而是一种“真实”“独立”且“类人”的特殊存在。赋予其法律人格的主要理由有以下两点：其一，人工智能已经应用于自动驾驶、医疗健康、金融、电商零售等领域，能够对人类生活产生各种影响。加之，人工智能的应用在给人类带来极大便利的同时，引起了新的社会风险。正如贝克所说：“新的生活条件会反过来超过社会安全概念的底线，社会更加容易会陷入

---

〔1〕 G. A. Bekey, “Current Trends in Robotics: Technology and Ethics”, in P. Lin, K. Abney and G. A. Bekey (eds.), *Robot Ethics: The Ethical and Social Implications of Robotics*, MIT Press, London, 2012, p. 18.

〔2〕 郭少飞：《人工智能“电子人”权利能力的法构造》，载《甘肃社会科学》2019 年第 4 期。

失序的危险。”[1]所以，赋予人工智能法律人格，将人工智能纳入统一的技术和伦理规范体系进行规制，不仅符合其发展的内在要求，还能够消解人工智能可能带来的危险和伤害；[2]其二，赋予人工智能法律人格，不能简单地将其和自然人、法人的法律人格进行类比限缩，而是要从发展的现实需求出发，将人工智能的法律人格定位为独立的拟制法律人格。虽然人工智能适用于多个领域，但其创设本质上是为人类服务的，坚持“以人为中心”的原则，人类的自身权利位序高于人工智能。

（3）代理说。在肯定人工智能具有法律主体资格的学说中，还有少数学者主张代理说，该观点认为在人工智能被赋予法律人格后，其权利义务的承担可以参照《民法典》[3]中的“代理人”制度，以人工智能代理自然人或者法人实施民事法律行为的视角，构建民事权利能力范围和民事责任制度。[4]依据代理关系的相关定义，代理人需要具备两个要件：一是法律主体地位；二是行为能力。[5]尽管人工智能越来越具有类人性，但终究不是自然人，法律也不会赋予其与自然人同等的法律人格。同时，人工智能虽然与法人具有相似性，但毕竟不同于法人，其人格制度在借鉴法人人格制度的同时，也应与之有所区别。随着人工智能的发展，企业开始使用电子代理人开展商事活动，企业

---

〔1〕［德］乌尔里希·贝克：《世界风险社会》，吴英姿、孙淑敏译，南京大学出版社2004年版，第99页。

〔2〕杨清望、张磊：《论人工智能的拟制法律人格》，载《湖南科技大学学报（社会科学版）》2018年第6期。

〔3〕《民法典》，即《中华人民共和国民法典》。为表述方便，本书中涉及我国法律文件，直接使用简称，省去“中华人民共和国”字样，全书统一，后不赘述。

〔4〕吕群蓉、崔力天：《以〈民法典〉代理权说构建人工智能主体的资格制度研究——基于对现行机器人草案的讨论》，载《成都理工大学学报（社会科学版）》2021年第6期。

〔5〕梁慧星：《民法总论》（第5版），法律出版社2017年版，第231页。

使用的各种智能化交易系统不仅能根据要求独立完成特定的商业事务，还能订立甚至履行合同。人工智能根据其所有者或者使用者的相关指令进行相应的活动，并在指令范围内承担相应的义务。

2. 人工智能法律人格有限说

人工智能法律人格有限说，又被称为人工智能法律人格折中说，该说以“法律拟制说”为基础，主张人工智能具有法律人格，但同时又认为此人格较为特殊，与其他法律主体相比，其权利和义务的范围比较有限。一方面，法律人格有限说认为，人工智能经过不断升级和改造，能够进行自我思考和自主行为，这表明其已经具备了实际的思维能力和行为能力，人工智能在劳动过程中创造的价值也无异于人类创造的价值。并且，自主意识、情感等不是法律人格取得的独立要素，例如大陆法系中财团法人成立后，依据其独立的财产即可享有法人人格。不能以自然人获取法律人格的标准以及自然人所具有的某些特征作为人工智能可否获得法律人格的标准，更不能将法律人格获得后权利享有、义务和责任的承担作为法律人格取得的标准，因为该方面涉及的是结果而不是原因。〔1〕同时，人工智能法律人格的肯定将直接解决其侵权责任承担、智能技术发展等一系列关键性问题。另一方面，该说又认为人工智能为人类所创设，其根本目的是服务于人类，因此人工智能不能完全与人类平起平坐，在法律上，人工智能的法律地位也不能完全等同于自然人的法律地位。

因此，人工智能法律人格有限说认为，应该在肯定人工智能法律人格的基础上进行相应的限制。该限制主要表现在两个

〔1〕 郭万明：《人工智能体有限法律人格论》，载《广西社会科学》2020 年第 2 期。

方面：一是人工智能权利义务的有限性。通过权利的分类对人工智能的权利能力进行相应的限制，可以将权利分为人类保留和应与赋予两类，其中人类保留是指为人类所特有的，例如我国宪法规定的婚姻权、生育权以及选举权和被选举权等基本人权。应与赋予的权利即人工智能所享有的权利，一般为虚拟财产的经济类权利。[1]在义务方面，人工智能创设的本质是服务人类社会，其义务主要为从事相关的劳务活动。二是人工智能行为能力的有限性。人工智能为数据算法所操控，背后体现着人类的意识，当人工智能造成损害需要承担相应的赔偿责任时，应该首先由其自己负责，但是如果产生的损害结果是由背后人的过失或者故意所导致，则最终的责任主体为人工智能背后之人。

3. 人工智能法律人格否定说

主张否定说的学者认为，要坚持“以人类为中心”的原则，人工智能与自然人具有本质区别。目前人工智能缺乏感性认识，不具有完全的自主意识，没有独立的财产，并且人工智能的创设初衷就是为人类服务，其可以替代人类在高风险领域进行持续性高难度劳作。

否定人工智能具有法律人格的观点主要包括以下几种：

(1) 工具说。工具说认为，人工智能的本质是工具，其产生、发展符合人类的需要，且其自主思考和自主行为始终被限制在设计者与开发者所预设的算法框架内进行的，根本上是为人类所控制的。人工智能的创设是为人类价值服务，其先天所具有的工具属性意味着人工智能没有自身的内在价值，仅因人而存在。人工智能的存在是以其他主体的存在为前提的，这与

---

〔1〕 袁曾：《基于功能性视角的人工智能法律人格再审视》，载《上海大学学报（社会科学版）》2020年第1期。

自然人以自身存在为目的存在具有根本性差别，依附于人而存在的人工智能从产生即被当作客观存在的物，属于法律上的客体。加之，人工智能不具有人的理性思维，也不具有人的情感道德，即使其拥有再强大的学习能力、再高的智能化程度，也只不过是在人类的指导下，作为人类认识、劳动的延伸工具，是无法超越人类的，更不具有等同于人类的权利能力。如果任意规定人工智能作为法律主体，而不考虑人工智能的本质属性，那么人工智能的相关法律规定会存在原则上的矛盾。

（2）动物说。动物说认为，人工智能和动物一样具有事实性认知能力，具有自我意识和选择能力，但同样不具备规范性认知能力，人工智能虽然具有很强的学习能力，能够进行深度学习，可以进行归纳和提炼相关规则，但是这种“规则”并非法律和道德意义上的规范性规则，而更多只是一种规律性、一种算法。[1]动物被人类视为财产，动物也可以独立完成人所能完成的行为，但是再怎么聪明也不是人。与之类似，人工智能再怎么智能化也不是人，只能作为人类的财产、工具而存在，不应该具有法律人格。因此，应该赋予人工智能与对动物相似的财产性定位，将财产的一般规则适用于机器人，而不是赋予其法律主体资格。[2]

（3）特殊物说。特殊物说兼顾主客体二分法理论和人工智能法律规制的法律需求，认为人工智能具有特殊的法律属性，应该在物权体系中寻找其定位。该说并不否认人工智能所具有的类人特征，具有很强的学习能力和一定的认知能力，但同时

---

〔1〕冯洁：《人工智能体法律主体地位的法理反思》，载《东方法学》2019 年第 4 期。

〔2〕张建文：《格里申法案的贡献与局限——俄罗斯首部机器人法草案述评》，载《华东政法大学学报》2018 年第 2 期。

也认为人工智能与人类存在本质区别，其为人类所创造，缺乏相应的理性，“物”的本质无法改变。例如，在交易中双方当事人使用机器人签署合同，机器人可以根据对方的需求给予明确的解答，并按照相应的程序与之完成合同的签订，但机器人所做的任何行为都只是对信息输入做出相应的输出，只是传递信息的媒介，因而不需要具有完全的法律人格和法律能力。因此，应该将其纳入最高物格的范围，赋予其“人工类人格”，将之作为一种特殊的物看待，然后制定特别规则进行管理。[1]

（三）自动驾驶汽车法律地位的学说

自动驾驶汽车是汽车行业人工智能技术应用的典型代表，明确其法律地位对于解决交通事故侵权责任的分配问题具有重要的作用。虽然自动驾驶汽车的产生是人工智能发展的结果，二者具有自主性及难以预测性等相同特征，但自动驾驶汽车直接关系到公共交通安全、交通事故中的权责分配、被侵权人的直接权益保护等问题。所以，在讨论无人驾驶汽车的法律地位时，应根据我国的实际情况，结合相关领域的具体特征进行分析，不能简单套用目前已有的关于人工智能法律地位的探讨进行分析适用。

1. 自动驾驶汽车的法律主体资格否定说

对于自动驾驶汽车的法律主体资格，学术界大都持否定说。否定说认为，无论何时，人类法律制度中的各类法律主体都是从以人为本的理念出发的，其根本目的是满足人类的需求。主要观点如下：

（1）自动驾驶汽车不具有自己独立的意识。在诸多论述中，关于自动驾驶汽车的自主抉择意识一直被津津乐道。事实上，

---

〔1〕杨立新：《人工类人格：智能机器人的民法地位——兼论智能机器人致人损害的民事责任》，载《求是学刊》2018年第4期。

人类设计者创设自动驾驶汽车的逻辑运算起点都是人类的思想，且设计的目的是更好地方便人类出行，自动驾驶汽车是遵照其操控者的命令来行事的，是为人类所服务的不知疲倦的工作机器，所以自主决策的意识来源于人类。同时，自动驾驶汽车无法自主思考自身行为的道德性，进而对行为进行抉择，〔1〕即没有办法根据其内心来认识和判断复杂的行为构成。

（2）自动驾驶汽车不具有独立的利益。国家权力、行为、法人、人身、物、精神产品等法律关系的具体客体可以被进一步抽象为“利益”或“利益”载体，并将法律关系的客体确定为一定的利益。〔2〕人类所有具有意识的行为都是以发生某种结果为目的的，都具有一定的利益。这种利益不仅包括现实的物质利益，还包括满足所有人类情感的精神利益。技术的物化旨在增加人类的物质财富，而不是让人所炮制出来的物分享人的财富。〔3〕自动驾驶汽车属于自然人实现法律赋予其道路通行权的一种方式，与步行、驾驶机动车或非机动车没有本质区别，都是人类道路通行的工具。加之自动驾驶汽车执行驾驶路线，完成驾驶任务后带来的通行利益归属于自动驾驶汽车使用人，带来的经济利益归属于自动驾驶汽车生产商或者运营商，无论自动驾驶汽车如何强智能，其都不可能拥有自己独立的财产权，这也是生物意义上的人所不可能容忍的。因此，自动驾驶汽车不具备独立的利益，不能成为法律主体。

（3）自动驾驶汽车不具有权利能力与行为能力。“自然人生

---

〔1〕于冲：《刑事合规视野下人工智能的刑法评价进路》，载《环球法律评论》2019年第6期。

〔2〕张文显：《法哲学范畴研究》（修订版），中国政法大学出版社2001年版，第109页。

〔3〕黎四奇：《对人工智能非法律主体地位的解析》，载《政法论丛》2023年第5期。

而为人”，就算某个自然人先天或后天地丧失了行为能力，但是权利能力的自然存在决定了自然人人格的不可否定性。即便对自动驾驶汽车采用拟制论，其也属于不知疲惫的工具，没有人身权利，且其为驾驶人所利用，所具有的价值最终归属于其汽车所有权人或者驾驶人，因此其自身也不具有财产权。对自动驾驶汽车的损害和对自然人的人身、生命的伤害完全不能相提并论。对于前者而言，一般为民事责任，不涉及“以命相抵”的程度。

(4) 自动驾驶汽车不能承担法律责任。法律责任可被分为财产性责任与非财产性责任，前者表现为损害赔偿、罚款、罚金或没收财产，后者表现为对自由的限制、对生命的剥夺、排除妨碍、消除影响等。有观点认为，可以通过设立自动驾驶汽车基金或者为其购买保险等做法让其独立担责，但是此类做法本质上仍然是运用人类财产承担责任。虽然这种独立担责的方式能够简化责任认定的程序，但是实际上仍然无法解决相关的责任问题，自动驾驶汽车的生产者、销售者以及使用者等法律主体仍需要根据技术鉴定承担相应的责任。

2. 自动驾驶汽车的法律主体资格肯定说

持有肯定说的学者认为，应当赋予自动驾驶汽车法律主体资格。主要观点如下：

(1) 在自动驾驶模式下，由于自动驾驶汽车与传统汽车的差异性，即使其他责任主体履行了相应的义务，也仍然有可能发生侵权行为。自动驾驶汽车为此时的责任主体，这正是其工具性人格的体现。

(2) 肯定说认为，应该给予自动驾驶汽车与自然人同等的法律地位，即自动驾驶汽车的法律地位具有独立性。自动驾驶汽车拥有很强的自动性特征，甚至在一定的条件下可以自主操纵无人驾驶系统，完全不需要车主的参与。因此，此种情形下的无人驾驶汽车可以被视为具有独立意思表示的行为主体。〔1〕并且，由于自动驾驶汽车自身是行为主体，其所引发的交通事故也应由其作为民事主体承担民事责任。“赋予自动驾驶汽车独立法律人格，将机动车交通事故责任中‘驾驶员’范围扩大至自动驾驶汽车本身，区分个人使用和公共使用构建自动驾驶汽车的侵权责任规则，或许是破解现实困局的一种新思路。”〔2〕赋予自动驾驶汽车独立的法律人格于国外也有类似案例：在2016年2月，美国高速公路交通安全管理局认为谷歌的自动驾驶系统是一名“司机”。

(3) 肯定说认为，自动驾驶汽车侵权部分可以通过适用或者创新现有民法的相关规定来解决。有的学者认为，可适用“代理人”理论，在该学说下，无人驾驶汽车的所有人、驾驶者是无人驾驶汽车的法定代理人，需对其造成的损害负责。还有的学者认为，可以借鉴“自然人”相关规定，为无人驾驶创设电子人格来解决受害者的损害赔偿问题。〔3〕还有学者从扩展法律解释的角度将无人驾驶高度抽象为法律主体。

3. 自动驾驶汽车只能是客体

自动驾驶汽车法律地位的问题是一个亟须解决的基础性问题。对自动驾驶汽车的法律地位决定着自动驾驶汽车使用行为的定性，及其造成的民事侵权责任、行政责任和刑事责任的认定。自动驾驶汽车是人类实现交通通行目的的工具，因此赋予

〔1〕 许中缘：《论智能机器人的工具性人格》，载《法学评论》2018年第5期。

〔2〕 张继红、肖剑兰：《自动驾驶汽车侵权责任问题研究》，载《上海大学学报（社会科学版）》2019年第1期。

〔3〕 彭诚信、陈吉栋：《论人工智能体法律人格的考量要素》，载《当代法学》2019年第2期。

其法律主体资格并没有实际意义，自动驾驶汽车的超强智能蕴含着巨大的风险，必须处于人类的支配和控制之下，因此自动驾驶汽车只能是客体而非主体。

（1）尽管自动驾驶汽车已经展现出了非常优秀的驾驶能力，但从当前自动驾驶汽车领域的技术发展水平来看，自动驾驶汽车仍不能与人类画等号。如自动驾驶汽车虽然以高安全性著称，但是面对一些复杂的意思表示时，仍可能存在无法识别而发生交通事故的风险。人类在进行某种行为时，会产生心理价值评价；而在自动驾驶汽车在行驶过程中，按照设计者预先设定的数据算法、逻辑行驶，不会对其相应的行为产生价值评估。人类多数会产生利我倾向，在为自动驾驶汽车设定相应的模式时，会选择最大限度地保护驾驶者，但在驾驶过程中遇到紧急情况时，自动驾驶汽车会以保护驾驶者为首要任务，而不是根据当时的实际情况作出对双方最有利的选择。与之相反的是，在此情形下，人类可以迅速作出价值判断，并选择对双方损害最小的方法。

（2）赋予无人驾驶汽车法律主体资格不利于维护法律的稳定性。我国现行法律法规并没有规定自动驾驶汽车具有民事主体资格。根据我国《民法典》第 2 条的规定，民事主体有三类：自然人、法人和非法人组织。自动驾驶汽车本质上是一种工具，不属于其中的任何一种。加之，民事主体是基于人类尊严而产生的法律构造，民事权利能力亦基于人类尊严而产生，符合自然法与伦理的要求。自动驾驶汽车不具备人类尊严，不享有权利能力，因此不属于法律关系主体，只是没有独立主观能动性的客体。〔1〕目前，即使是自动化等级最高的 5 级自动驾驶汽车，

〔1〕 刘召成：《自动驾驶机动车致害的侵权责任构造》，载《北方法学》2020 年第 4 期。

其自动驾驶技术也仅是当驾驶自动化系统激活后，在其运行条件的基础上执行全部的驾驶任务。根据“工具说”，人类在创造自动驾驶系统时已经将其运行所需要的数据、方式及其导出的价值判断都设计好了，因此自动驾驶汽车本身就不具有独立思考的能力。

（3）赋予自动驾驶汽车主体地位没有实际益处，无益于自动驾驶汽车损害赔偿责任承担问题的解决。在媒体大肆渲染自动驾驶汽车崛起的背景下，持肯定论的学者过于沉浸在应然层面的思考中，缺乏在实然可操作性方面的考量，导致肯定说的结论过于理想化。〔1〕在应然层面，主张肯定说的学者简单地根据自动驾驶汽车的发展趋势，认为强自动驾驶汽车时代即将到来，因此需要进一步思考主体资格问题，直接确定自动驾驶汽车的法律人格未免操之过急。另外，在实然层面，赋予自动驾驶汽车法律主体资格的可操作性不强，赋予其法律主体地位只是自动驾驶汽车法律体系建立的第一步，后续还需思考如何与现有法律制度的融合问题。〔2〕并且，赋予自动驾驶汽车法律人格并不是解决困境的唯一途径，这种行为在一定程度上反而会增大风险，对现行法律体系造成一定的冲击。例如，有学者认为，自动驾驶汽车是在其独立意志下产生的侵权行为，因此不能完全苛责其设计者、销售者或驾驶者，〔3〕可以借鉴欧盟国家的立法建议，在法律上承认高度自主的自动驾驶汽车为“电子人”，然后着眼于如何让自动驾驶汽车为其行为全部或者部分承

〔1〕 王燕玲：《人工智能时代的刑法问题与应对思路》，载《政治与法律》2019年第1期。

〔2〕 刘康迪：《人工智能刑事主体资格的否定与思考》，载《市场周刊》2024年第5期。

〔3〕 Bruce G. Buchanan and Thomas E. Headrick, “Some Speculation About Artificial Intelligence and Legal Reasoning”, *Stanford Law Review*, 1970, p. 62.

担责任。这种将责任分配给虚无的电子人格，却让自动驾驶汽车的生产者和驾驶者置身事外，虽然表面上简化了归责程序，但并不能解决责任认定和责任承担问题。作为法律主体，自动驾驶汽车与生产者、销售者和驾驶者等主体共同承担责任，但是他们不存在人类意义上的过错，需要借助技术鉴定判断其行为性质。自动驾驶汽车的数字算法、运行系统等数据都是由其生产者设计的，由此为生产者规避责任提供了机会，可能助长生产者的投机心理，将未经过充分测试的自动驾驶汽车投入市场，从而引发恶性竞争。这既不利于自动驾驶汽车产业的发展，也不利于自动驾驶汽车所有者的权益保障。同时，自动驾驶汽车既无财产进行财产性赔偿，也没有情感进行赔礼道歉。自动驾驶汽车所承担的责任最终还是归属于传统上的主体。

综上所述，自动驾驶汽车只是高度智能化的汽车，并没有超出客观“物”的范畴，因此无需赋予自动驾驶汽车法律主体资格。算法作为自动驾驶汽车的“神经中枢”，是由自动驾驶汽车背后的设计者和生产者所设定的，其出厂后无法通过自主学习创造出新的算法、无法摆脱人类的控制，由此决定了其自身不具有意思能力。除此之外，赋予自动驾驶汽车法律主体资格无法解决责任难题。责任承担的根源是具有道德上的非难性，但自动驾驶汽车在行驶中判断善恶的根源是自驾系统设计者的善恶，其本身不具有道德上的非难性。且责任的承担不仅在于自主抉择意识对其自身行为的控制，还在于责任的承担具有一定的社会意义，而自动驾驶汽车承担责任不具有社会意义。即使根据肯定观点赋予自动驾驶汽车一定的法律主体资格，但其本身脱离了人类主体的社会环境和文化背景，不具有道德廉耻心。因此，对自动驾驶汽车的惩罚不仅对其本身不具有教化意义，对其他自动驾驶汽车、生产者、销售者以及驾驶者均没有教化意义。

二、自动驾驶汽车的伦理道德

“人工智能是影响面广的颠覆性技术，可能带来改变就业结构、冲击法律与社会伦理、侵犯个人隐私、挑战国际关系准则等问题，将对政府管理、经济安全和社会稳定乃至全球治理产生深远影响。在大力发展人工智能的同时，必须高度重视可能带来的安全风险挑战，加强前瞻预防与约束引导，最大限度降低风险，确保人工智能安全、可靠、可控发展。”〔1〕自动驾驶汽车是人工智能的典型代表，自动驾驶汽车的发展与应用大大解放了人类的双手，具有高效性和便捷性。与此同时，“自动驾驶汽车将越来越多地承担起许多传统上要求人类驾驶员掌握的驾驶功能，包括充满不确定性、混乱性与危险性的操作环境中具化为导航的所有伦理决策”。〔2〕2016 年，美国佛罗里达州特斯拉自动驾驶汽车与一列火车相撞，造成特斯拉车主身亡。2018 年 3 月，美国的亚利桑那州一辆正在测试中的 Uber 自动驾驶汽车，以 69 公里时速撞死了一位横穿马路的妇女。自动驾驶汽车撞人事件屡屡发生，使得人们不禁思考自动驾驶汽车的安全性以及自动驾驶汽车面临的伦理困境。

（一）自动驾驶汽车面临的伦理困境

当汽车处于自动驾驶状态时会面临突发状况，需要自动驾驶系统作出决策，因此就会陷入许多无法避免的伦理困境。

---

〔1〕《国务院关于印发新一代人工智能发展规划的通知》，载 http：//www.gov.cn/zhengce/content/2017-07/20/content_ 5211996.htm，访问时间：2024 年 4 月 11 日。

〔2〕［英］帕特理克·林、瑞安·詹金斯、基思·阿布尼主编：《机器人伦理学 2.0：从自动驾驶汽车到人工智能》，毛延生、刘宇晗、田野译，上海交通大学出版社 2023 年版，第 26 页。

1. 电车难题

“电车难题”是伦理学领域知名的思想实验，最早由哲学家菲利帕·福特（Philippa Ruth Foot）在1967年提出。“电车难题”要求：一个疯子把五个无辜的人绑在电车轨道上。一辆失控的电车朝他们驶来，并且片刻后就要碾压到他们。幸运的是，你可以拉一个拉杆，让电车开到另一条轨道上。然而问题在于，那个疯子在另一个电车轨道上也绑了一个人。考虑以上状况，你是否应拉拉杆？[1]“电车难题”虽然是一个哲学上的思想辩题，但自动驾驶汽车的应用会将该想象变为现实。在面临男人与女人、黑人与白人、老人与孩子、多数人与少数人等复杂情况时，就人类驾驶员而言，作出的选择是本能反应，来不及理性思考。但自动驾驶汽车无法与人类驾驶员一样作出自我判断，其决策机制由人类预先设定，那么设定怎样的伦理决策机制便成了复杂且急迫的伦理问题。

2. 自我牺牲

电车难题凸显了对碰撞目标的生命抉择，而米勒（Millar）提出的“隧道难题”模型则直面自动驾驶汽车车内人员与车外人员的生命选择，涉及自动驾驶汽车车内人员的自我牺牲。“隧道难题”表述为：你乘坐一辆自动驾驶汽车沿着一条狭窄的山路行驶，正迅速接近一个隧道入口。突然一个小孩跑到了道路上，正好堵住隧道入口，此时自动驾驶汽车只有两个选择：一是撞向小孩，导致其死亡；二是撞向隧道壁，导致你死亡。[2]“隧道难题”中的两个选项很难相互比较，客观上不存在更好的

---

〔1〕 J. J. Thomson, “Killing, Letting Die, and the Trolley Problem”, *The Monist*, 17 (1976).

〔2〕 Millar Jason, “An Ethics Evaluation Tool for Automating Ethical Decision－Making in Robots and Self－Driving Cars”, *Applied Artificial Intelligence*, 8 (2016).

选择，因而令此类案件更加具有个性化及复杂化。《开源机器人伦理学新方案》对此问题开展了一次民意调查，调查结果显示，其中有36%的人选择撞向墙壁拯救小孩，而64%的人选择撞向小孩。[1]对于购买车辆的人而言，会更倾向于购买能够保证车内人员安全的自动驾驶汽车；而对于社会公众来说，则会更支持能够保障公众生命财产安全的自动驾驶汽车上市。因此，人们对自动驾驶汽车道德决策的矛盾心理会让汽车厂商处于进退两难境地。

3. 意想不到的动物

在美国，有专家估计每年有超过100万次的交通事故是由鹿造成的。面对突发状况，自动驾驶汽车系统需要在极短的时间内作出最佳决策。在此情况下，自动驾驶汽车也面临着伦理困境：第一，选择碰撞哪种类型的动物，大型还是小型动物？若选择碰撞大型动物，则可能会对汽车或车内乘客造成伤害。第二，当前方突然出现动物时，自动驾驶汽车是否选择适度或用力刹车，否则在紧急情况下可能会出现追尾事件。第三，如果自动驾驶汽车决定避开动物，那么是否允许自动驾驶汽车违反交通法规。这些都是在自动驾驶系统决策中面临的伦理困境。

4. 其他因素

与自动驾驶有关的伦理因素还有很多，在未来的交通状况中，单纯的预防碰撞功能是远远不够的，特别是在复杂交通路况下，在决策计划中还应考虑其他因素，如道路的平整度、乘客人数多少以及是否系安全带、汽车的制动器和轮胎的状况、车辆所运输的是不是可能爆炸或溢出的危险货物等。当多种因素交织，并需要作出决策时，应根据其自身的重要性为它们分

〔1〕 Open Roboethics Initiative, “Open Roboethics Initiativelf Death by Au-tonomous car is Unavoidable, Who Should Die? ”, Reader poll results, 2024/4/13.

配不同的权重。

(二) 自动驾驶汽车伦理困境成因

自动驾驶汽车伦理困境具有不可避免性，其成因主要表现在两个方面：一是自动驾驶技术本身存在客观的局限性且无法避免；二是未形成统一的道德决策原则。

1. 技术本身的局限性

自动驾驶汽车伦理困境的根本原因是自动驾驶汽车需作出伦理选择，该种伦理选择直接关系到人类的生命及财产安全。原则上，避免作出伦理选择的最有效方式是通过提升自动驾驶技术实现零碰撞。技术乐观主义者认为，应在提升自动驾驶汽车技术上下功夫，运用传感器提升在距离、天气、路况等复杂情况下的感知能力，避免出现抉择难题。但事实上这一想法难以实现，因为自动驾驶技术仍具有局限性，存在难以克服的技术难点。首先，自动驾驶技术仍难以应对复杂的交通状况。自动驾驶汽车必须精确地感知周边的天气、路况等不断变化的交通状况，并作出安全响应。但即使自动驾驶汽车配备最先进的探测、感知系统，在面对细小物体、突然冲出的孩童等突发状况时，自动驾驶系统只能降低事故发生的概率，不能完全避免该类事故发生。其次，自动驾驶技术还面临网络安全问题。自动驾驶系统需将传感器采集、接收的数据传输到云端储存并形成高精度地图，对新数据进行深度学习，以提升算法的处理能力。因此，自动驾驶汽车存在的算法及安全问题，主要表现为算法或系统被黑客恶意攻击和利用，[1]有可能在汽车行驶中造成交通事故。最后，自动驾驶技术难以理解一些“预行为”。预行为是指，周边车辆或物体在没有作出下一步行为之前，自动

---

〔1〕 陈磊等：《人工智能伦理准则与治理体系：发展现状和战略建议》，载《科技管理研究》2021 年第 6 期。

驾驶系统提前预判周边车辆或物体将会发生什么样的变化。就人类驾驶员而言，可以根据前方车辆的驾驶行为判断行驶意图。例如，通过车辆驾驶状况判断司机是新手还是老手，或根据前方车辆提示灯光预测前方交通状况等等。这些行为无规律可言，因此对自动驾驶系统来说难以理解和判断。

2. 道德决策规则不统一

给自动驾驶汽车根据不同情形设定道德决策规则是一个相当大的挑战，面对“电车难题”等生命抉择难题时见仁见智，缺少统一的道德决策规则。最具代表性的道德决策规则是义务论与后果论。义务论关注行为本身是否符合伦理，而后果论则以行为的后果判断是否符合伦理，当两种或多种道德决策规则发生碰撞时，道德决策成为难题。

义务论认为，行为是否具有正当性不能依据行为产生的结果判断，而是看行为本身是否符合伦理道德。义务论同时强调，每个人的生命都是平等的，不能以拯救更多人为由剥夺他人生命，这是最基本的道德规范，在任何情况下都不应当被违反。阿西莫夫的“机器人三定律”正是义务论的经典案例：“（1）机器人不得伤害人类，或看到人类受到伤害而袖手旁观；（2）机器人必须服从人类的命令，除非这条命令与第一原则相矛盾；（3）在不违背第一和第二原则的情况下，机器人必须保护自己的存在。”“机器人三定律”给机器人赋予了伦理性。这三个定律为自动驾驶汽车道德决策设定有一定启发，可以防止车辆对人类生命和财产造成伤害，但也存在明显的缺陷。例如，自动驾驶汽车可能为了避免碰撞行人或其他车辆，而造成车内人员的伤亡。由此可见，义务论仍无法解决生命决策问题。

后果论是以行为造成的后果好坏来判断行为是否正当。后果论以边沁功利主义为代表，“最大幸福”原则是后果论的原则。换言之，一个行为能够使最大多数人获得幸福或造成损害最小，这个行为就是正确的。相较于义务论来说，功利主义更具有现实的可操作性，在自动驾驶系统中设定避免多数人生命受到伤害，就可以避免道德决策难题。但该方式也会造成负面效果：第一，延缓自动驾驶汽车技术发展。当面对预置的功利主义算法时，自动驾驶汽车可能会为了保障多数人安全而牺牲车上人员生命，消费者和乘客会对自身安全担忧，在此情形下会严重影响自动驾驶汽车的应用与普及。[1]第二，忽视个体正义。例如，自动驾驶汽车在面对一个戴头盔的摩托车手和未戴头盔的摩托车手时，功利主义的算法会选择碰撞戴头盔的摩托车手，因为戴头盔的摩托车主存活概率更大，受到伤害最小。[2]显而易见，功利主义忽视了个体公平，会扰乱原有的社会秩序。

(三) 自动驾驶汽车伦理问题的应对策略

随着自动驾驶汽车技术不断发展，自动驾驶汽车与人类的生活密切相关，让自动驾驶汽车拥有一定的道德伦理以便更好地为人类服务是十分必要的。

1. 明确自动驾驶汽车伦理决策主体

自动驾驶汽车是一个涉及多方利益的庞大系统，其伦理道德决策究竟由谁来决定体现了个人利益与集体利益的冲突。一方面，每个人都想获得最有利于自身发展的条件，满足自己的利益；另一方面，社会作为一个整体而存在，需要每个社会成员让渡出自己的一部分权益，从而满足集体的需要。实际上，

---

〔1〕 孙保学：《自动驾驶汽车的伦理困境——危急时刻到底该救谁》，载《道德与文明》2018 年第 4 期。

〔2〕 N. Goodall, “Ethical Decision Making During Automated Vehicle Cra-shes”, *Transportation Research Record: Journal of the Transpor-tation Research Board*, 2424 (2014).

伦理道德难题的高发地就是个人诉求与集体利益冲突之处。[1]目前主要包括以下三个方面：

(1) 由制造者决定。制造者的范围不局限于自动驾驶系统的设计者、科技人员，还包括该公司的股东、董事等。当汽车处于自动驾驶状态时，操作车辆的控制权由驾驶员转移到计算机系统，[2]而且制造商属于行业内人员，具有专业知识，懂得怎么设定编程，在自驾系统成立之初就可以将各种道德伦理植入。加之制造商更了解消费者的消费需求，知道消费者更倾向于何种道德伦理，从而满足消费者对自动驾驶汽车的需求。

(2) 由消费者决定。消费者即自动驾驶汽车的所有者、使用者。消费者在使用自动驾驶汽车之前，可以自由选择自动驾驶汽车的道德决策模式，或者为自动驾驶汽车植入学习系统，即先由消费者自主驾驶汽车，在驾驶的过程中，自动驾驶系统学习该消费者面对紧急状况时的各种应急决策方式，形成与该消费者相似的道德决策选择。

(3) 由集体决定。如果自动驾驶汽车的运行关系着社会公共利益，则其伦理道德应作为社会问题来看待，由集体来决定。交由设计者、生产商、消费者、政府等众多集体，并成立行业的伦理组织机构，进行用户调研、收集建议等。满足集体利益最大化的需求，并形成自动驾驶汽车道德决策的主导意见。

虽然上述三种观点都各有优势，由制造商和消费者决定能最大限度地保护消费者的权益，促进自动驾驶汽车行业的发展，倒推自动驾驶汽车的科技进步，符合我国发展新质生产力的趋

---

〔1〕 孙保学：《自动驾驶汽车事故的道德算法由谁来决定》，载《伦理学研究》2018 年第 2 期。

〔2〕 [英] 帕特理克·林、瑞安·詹金斯、基思·阿布尼主编：《机器人伦理学 2.0：从自动驾驶汽车到人工智能》，毛延生、刘宇晗、田野译，上海交通大学出版社 2023 年版，第 62 页。

势。但给予制造商和消费者过大的权力，很容易产生权力滥用的后果。制造商为了追求经济利益，将消费者的利益放在首位，有可能会忽视社会公共利益的维护。例如，将自动驾驶系统设置为应急情况下，完全以保护使用者的安全为主，当自动驾驶汽车在路上行驶时，遇到幼儿园小朋友过马路，因距离太近，及时刹车也会伤及儿童，但可以选择向左撞到旁边花坛上，此结果仅会造成使用者轻伤甚至不受伤害。但因设置问题，自动驾驶汽车以保护使用者的最大利益为指示，还是选择向小朋友们驶去。在此情形中，自动驾驶汽车单纯为了阻止造成使用者轻伤的可能性事件，而忽视了社会公众秩序。消费者在选择自动驾驶汽车伦理道德决策时，都是经过深思熟虑的，在理性加持下倾向于购买基于自我保护算法的车，[1]但若真发生上述事件，使用者可能出于本能反应而撞向花坛，驾驶者可以凭直觉做决定，而自动驾驶汽车却不能凭直觉作出决定。[2]现实生活中我们经常会看到奋不顾身地救助他人，甚至为了他人安危而牺牲自己生命的新闻报道。由集体决定能最大限度地满足集体利益的需求，但其也存在缺点。一方面是阻碍自动驾驶汽车市场的发展，自驾系统以保护公共利益为其首要选择，消费者信任度降低，影响消费积极性；另一方面，随着科学技术的进步，自动驾驶汽车的种类及性能多种多样，相对应地需要越来越多的法律规章，不仅会增加社会成本，其应用过程效率也会较低。

加强自动驾驶汽车道德伦理建设是势在必行的，但由于缺乏利益最大化动机，企业将伦理道德纳入自动驾驶汽车设计流

---

〔1〕 白惠仁：《自动驾驶汽车的伦理、法律与社会问题研究述评》，载《科学与社会》2018 年第 1 期。

〔2〕 苏令银、许梦怡：《自动驾驶汽车伦理建构中的“电车难题”批判》，载《关东学刊》2022 年第 2 期。

程中的积极性不高。同时，在相关法律体系还未完善，自动驾驶汽车事故责任主体还未明确的情况下，伦理道德的设定不能仅依靠于个人道德偏好而设定，而应该符合社会利益，由众多利益共同体共同决定，才能符合社会一般预期。

2. 提高自动驾驶汽车的道德能力

想让自动驾驶汽车的决策体现道德伦理，就需要对自动驾驶汽车进行道德伦理设计，提高其伦理道德能力。目前，提高自动驾驶系统道德伦理共有三种设计方式：第一“自上而下”，即在设计时就将一套完整的伦理和价值观念嵌入到自动驾驶系统中，〔1〕指导自动驾驶汽车在使用过程中遇到道德难题时的行动。此道德伦理准则可能是根据社会公众意愿所提取出来的观点或者某种普遍性的哲学伦理。第二“自下而上”，即由自动驾驶汽车自身强大的学习能力，通过与使用者之间的互动，分析使用者的道德伦理习惯，进而模仿和学习，形成与使用者一致的道德伦理。〔2〕第三混合模式，即兼顾“自上而下”和“自下而上”，自动驾驶汽车在自有道德伦理基础上，分析和学习使用者的道德决策，从而使其道德伦理决策不断符合使用者要求，最终与使用者的一致，满足使用者的需求。这不仅解决了“自上而下”模式中伦理多样性产生的无论用哪一种伦理准则都无法弥补个人道德之间的差异问题，还解决了“自下而上”模式中对使用者伦理道德学习的长期性问题。

除了提高自动驾驶伦理道德能力，还需要完善相应的道德规范和法律规范。自动驾驶系统具有复杂性特征，是由感知、

---

〔1〕 陈亮、张光君主编：《人工智能时代的法律变革 1》，法律出版社 2020 年版，第 70 页。

〔2〕 李伟、华梦莲：《论自动驾驶汽车伦理难题与道德原则自我选择》，载《科学学研究》2020 年第 4 期。

定位、决策等模块组成的，其涉及各个使用者的隐私、敏感信息等个人信息。自动驾驶汽车的智能化程度越高，越需要道德伦理规范，但我国涉及自动驾驶汽车的法律没有涉及伦理道德问题。同时，要重视法律的规范作用，法律规范是伦理道德在社会中实现的主要方式，[1]但我国涉及伦理道德的法律规范中没有专门针对自动驾驶汽车的内容。虽然可以通过自动驾驶汽车不断升级改造，从而减少其各种风险行为的发生，但道路交通情况复杂多样，技术发展具有曲折性和长期性，应发挥道德和法律相应的约束作用，针对自动驾驶汽车制定专门的道德规范和法律规范，更好地解决自动驾驶汽车引发的司法实践问题。[2]

综上所述，随着自动驾驶汽车的广泛应用，其安全性与伦理性的加强也被提上日程。有观点认为“电车难题”和“隧道难题”是伦理学家们构建出来的思想试验，与现实情况不符，无需担忧自动驾驶汽车会出现上述情况。但现实中的道路交通更为复杂，各种突发事件时有发生。加之，虽然可以通过技术的提升从而逐步实现自动驾驶汽车零碰撞，减少自动驾驶汽车应急决策选择，但事实上这一想法难以实现。自动驾驶技术虽不断进步和提升，但存在难以克服的技术难点。因此有必要研究自动驾驶汽车在应急决策时的伦理道德问题。同时，法律规范是伦理道德在社会中实现的主要方式，是社会的伦理底线。所以，自动驾驶汽车想要不断发展，除了需要技术上的进一步支持，完善自动驾驶汽车的道德决策规则及法律规范也是必不

〔1〕 苏令银：《能将伦理准则嵌入人工智能机器吗？——以无人驾驶汽车为例》，载《理论探索》2018 年第 3 期。

〔2〕 孙建伟、袁曾、袁苇鸣：《人工智能法学简论》，知识产权出版社 2019 年版，第 68 页。

可少的。通过对自动驾驶汽车制定道德决策规则和法律规定，划出其道德和法律的“红线”，为生产者提供明确的行为准则，促进自动驾驶汽车在正确的轨道上有序发展。

第三章

自动驾驶汽车侵权的归责理论

随着科技的迭代升级，人工智能技术正以一种病毒扩散的方式渗透到社会生活的各个角落，犹如一股洪流冲刷重塑着我们的日常生活。当世界的目光都聚焦于ChatGPT，感受人工智能对话模型在沟通交流、信息获取等领域的革命性突破之际，自动驾驶技术也在驱动着交通出行领域的深层转型与重构。这一科技力量犹如智慧的引擎，驱动着汽车从传统的人工驾驶跃升至智能系统决策操控。伴随着每一次算法的优化、每一轮技术的迭代，自动驾驶正逐渐从实验室走向街头巷尾，以其独特的路径编织起一张连接未来出行的新网络。与革新相伴而来的是问题与挑战，其中最为核心与复杂的问题便是自动驾驶汽车的侵权责任承担。本章将梳理现有自动驾驶侵权归责学说、从主体角度对责任承担问题展开分析，探讨自动驾驶汽车侵权责任承担的路径。

一、自动驾驶汽车侵权归责的学说

（一）适用驾驶辅助技术的汽车的侵权责任

根据2022年3月1日起正式实施的《汽车驾驶自动化分级》国家推荐标准（GB/T 40429-2021）对自动驾驶汽车的分

类，使用L0级应急辅助、L1部分驾驶辅助、L2组合驾驶辅助技术的汽车并非自动驾驶汽车，这些技术通过科技手段观察、搜集、处理行车环境信息，并向驾驶员反馈行车状况及路况，在特定情况下短暂地介入车辆控制，辅助驾驶员避险。例如，定速巡航、防抱死制动系统、前向碰撞预警、车道偏离警告、后视摄像系统、自动紧急制动等，这些技术仅是帮助驾驶员减轻驾驶负担、更加全面地掌握周边驾驶环境的信息、特殊情况进行紧急制动等操作以避免事故的发生，实际的驾驶决策仍旧由驾驶员作出。在汽车行驶过程中驾驶员仍全程控制车辆，承担驾驶任务，辅助驾驶技术本质上并未对侵权责任构造形成挑战。以驾驶员为中心构建的汽车侵权责任架构并未受到挑战，交通事故肇事者承担机动车交通事故责任，汽车缺陷造成的他人人身、财产损害制造商承担产品责任，两者各自具有不同的归责原则、指向不同的责任主体。

交通事故责任承担可以根据《道路交通安全法》第76条的确定，我国实行强制机动车交通事故责任强制保险制度。事故发生后，首先由交强险在责任限额内进行赔付，不足部分再根据责任划分由商业险或责任人自行承担。对于责任人自行承担的部分，其承担方式与比例则依据实际情况按照过错分配，机动车之间发生交通事故的，由有过错的一方承担赔偿责任；双方都有过错的，按照各自过错的比例分担责任。机动车与非机动车驾驶人、行人之间发生交通事故，也基本遵循过错责任归责原则，例外情形下适用公平责任，即机动车一方没有过错的，也需要承担赔偿责任，但是比例不超过10%。

若交通事故是由车辆本身的设计、制造缺陷等质量问题导致的，受害人还可以向车辆制造商、销售商等主张产品责任，要求其承担赔偿责任。因汽车的产品缺陷造成的侵权事故责任可以依照《民法典》关于产品责任的相关条款确认。《消费者权益保护法》也对作为商品的汽车缺陷造成的人身、财产损害责任承担作出了规定，购买了汽车的消费者在使用商品时，合法权益受到侵害的，可以向销售者要求赔偿。销售者赔偿后，可以向实际导致事故发生的生产者或者其他销售者追偿。自2022年1月1日起施行的《家用汽车产品修理更换退货责任规定》也对汽车产品三包责任（家用汽车产品修理、更换、退货统称三包责任）作出了规定，销售者承担三包责任后，对于属于生产者责任或者其他经营者责任的，销售者有权向生产者、其他经营者追偿。

（二）自动驾驶汽车的侵权责任

与适用L0级应急辅助、L1部分驾驶辅助、L2组合驾驶辅助技术的汽车不同的L3、L4、L5级高度自动驾驶汽车，运行过程中驾驶系统会控制汽车，驾驶员丧失了车辆的控制权，转为车辆的乘客。虽然L3级汽车将控制汽车任务的后援用户设定为驾驶员，驾驶员在系统的要求下需要接管汽车控制；L4级汽车脱离了特定的环境与条件，仍需驾驶员驾驶、控制汽车，只有在特定的环境与条件下，自动驾驶系统才可以自主监测车辆行驶的环境独立从事全部驾驶行为，但是在大多数情况或者说时间下，驾驶系统是自动驾驶汽车的主要控制人。“鉴于人工驾驶将被自动驾驶取代，以人类驾驶者驾驶行为为中心的现行交通事故侵权责任制度自然无法继续适用，故而亟待更新责任规则。”[1]自动驾驶汽车的交通事故侵权责任问题，学界有不同观点，可以分为两类：一是“一般论”，即参照现有的侵权责任规则处理；与之相对的则为“例外论”，即提倡为自动驾驶汽车侵权构建新的规则。

---

〔1〕　郑志峰：《自动驾驶汽车的交通事故侵权责任》，载《法学》2018年第4期。

1. “一般论”：参照适用现有的侵权责任规则

（1）参照适用雇主替代责任规则，由驾驶人承担责任。雇主替代责任规则是在雇佣关系中，当雇员在执行职务过程中对第三方造成损害时，即使雇员本人存在过失，雇主也可能需要为其雇员的行为承担赔偿责任。“自动驾驶汽车就像是车主雇佣的司机。它是在执行车主的命令，如果汽车违反了道路规则并造成了伤害，车主或指挥汽车的人应该承担责任，就好比雇员的行为引起损害由雇主承担责任一样。”〔1〕当发生交通事故时，若将驾驶人作为潜在的责任承担者之一，可以确保受害人能够获得一定的赔偿来源。

（2）参照适用动物侵权规则，由驾驶人承担责任。《民法典》第1245条规定：“饲养的动物造成他人损害的，动物饲养人或者管理人应当承担侵权责任；但是，能够证明损害是因被侵权人故意或者重大过失造成的，可以不承担或者减轻责任。”该规则适用的逻辑是动物行为因不可预测性、动物自主性等而具备不确定性和危险性，饲养人或管理人无论采取什么保护手段和措施都不能完全消灭其自身的危险性，此种情况下对饲养人或管理人的过错难以认定，过错责任难以适用，因而立法者将其独立成一种特殊的无过错侵权责任。有学者认为：“自动驾驶汽车与犬类非常相似。第一，犬类和自动驾驶汽车的思维和行为都独立于其人类主人，可能会造成类似的人身伤害或财产损失。第二，动物与自动驾驶汽车一样不是法人，不能为其行为承担个人责任。第三，在街上与狗擦肩而过类似于司机或行人与自动驾驶汽车共用道路。虽然自动驾驶汽车不太可能像狗一样受到‘挑衅’，但行人或第三方的行动可能会对自动驾驶汽

〔1〕 Robert W. Peterson, “New Technology-Old Law: Autonomous Vehicles and California's Insurance Framework”, *Santa Clara Law Review*, 4 (2012).

车造成影响，导致其发生碰撞。第四，自动驾驶汽车与犬类相比危险性更高，对动物侵权适用严格责任，对自动驾驶汽车更应如此。”〔1〕

适用上述两种学说的逻辑为：因为驾驶人控制着自动驾驶汽车，就像雇主指挥、命令雇员或者像主人控制动物，所以可以参照适用雇主责任与动物侵权责任。但是，自动驾驶汽车导致损害发生的原因可能极为复杂，涉及软件编程、硬件故障、系统集成等多个技术层面，难以确认是否因驾驶人的命令导致损害的发生。并且，驾驶人对车辆的控制与动物侵权中主人对动物行为的直接或间接控制有很大区别，汽车的行为是由复杂的电子和机械设备以及 AI 算法决定的，而非本能或个体行为，亦非驾驶人可以驯化的。

此外，仅将驾驶人作为责任主体失之偏颇，自动驾驶汽车侵权会涉及复杂的多方责任关系，包括驾驶人、汽车制造商、软件开发商、维修服务商等，单纯地将责任归咎于车主可能忽视了实际造成损害的技术问题源头，使得真正的责任方逃避了应尽的法律责任。要求驾驶人承担责任与自动驾驶技术的设计理念相矛盾，也不适合自动驾驶行业的发展。一般来说，人工智能的主要目标是提高人类的技术水平或避免人为错误，自动驾驶技术的主要优点也在于减轻驾驶负担、提高汽车安全性。如果参照雇主责任与动物侵权归责适用无过错责任，可能会使个人或企业在购买使用自动驾驶汽车时顾虑重重，担心面临未知的巨大风险，从而影响到自动驾驶技术的普及和商业化进程。

（3）参照公共承运人责任制度，由汽车制造商承担责任。公共承运人是从事将人员或财产从一地运送到另一地的业务的

〔1〕 Sophia H. Duffy and Jamie Patrick Hopkins, “Sit, Stay, Drive: The Future of Autonomous Car Liability”, *Science and Technology Law Review*, 3 (2013).

主体，负责公共承运的工具例如电梯、公共交通工具等。电梯侵权适用过错推定原则，《民法典》第1253条规定："建筑物、构筑物或者其他设施及其搁置物、悬挂物发生脱落、坠落造成他人损害，所有人、管理人或者使用人不能证明自己没有过错的，应当承担侵权责任。所有人、管理人或者使用人赔偿后，有其他责任人的，有权向其他责任人追偿。"因此，在电梯坠落致人损害案件中，受害人只需要证明存在电梯坠落之事实，且因此受到损害，就应当推定电梯的所有人、管理人、使用人存在过错，受害人即可要求电梯的所有人、管理人、使用人承担赔偿责任。

普通客运承运人遵守更高的谨慎标准适用无过错责任原则，因为乘客几乎无法控制运输工具，乘客放弃对自身安全的控制，依靠承运人安全送达。《民法典》第十九章第2节客运合同的第823条规定："承运人应当对运输过程中旅客的伤亡承担赔偿责任；但是，伤亡是旅客自身健康原因造成的或者承运人证明伤亡是旅客故意、重大过失造成的除外。前款规定适用于按照规定免票、持优待票或者经承运人许可搭乘的无票旅客。"

虽然自动驾驶汽车制造商不是传统意义上实施运输行为的公共运输者，但是制造商设计和制造将人员或财产从一地运送到另一地的工具，该工具在自动驾驶车辆全自动模式下控制运输方式，制造商实际上控制着自动驾驶车辆、看护照管汽车内的乘客，因此应当对自动驾驶车辆在完全自动驾驶模式下发生故障所造成的损害承担合理责任。有观点认为，制造商设计并实现了人类驾驶员手动覆盖和重新启动驾驶任务的功能，对于交通事故的发生，驾驶员也应当承担责任。但是，在紧急情况下，自动驾驶汽车乘客可能会在对周围环境不完全了解的情况下，试图重新启动和覆盖自动驾驶汽车系统。因为自动驾驶汽车使得驾驶员降低了对周围环境的注意力，乘客会用自动驾驶系统代替自己的警觉性和注意力。即使制造商无意造成这种行为，但是他们对其引入商业和整个社会的技术的意外后果负有责任。〔1〕

对于该原则的适用还有一种思路，消费者购买车辆或使用自动驾驶出行服务，可以类比为与制造商之间形成了一种“技术性”的运输合同关系。如果制造商承诺提供安全、高效的自动驾驶服务，那么当该服务由于制造商的设计缺陷、软件错误或其他可控因素而导致事故时，可以要求其承担类似公共承运人的赔偿责任。

（4）参照核事故侵权规则，建立双层次责任保险框架。美国政府通过《普莱斯-安德森法》（Price-Anderson Nuclear Industries Indemnity Act）规定了核能行业的责任保险框架，该法案首次于1957年制定，并于随后经历了多次修订和延期。双层次责任保险框架主要是针对核能行业可能发生的重大事故，以确保有足够的资金来赔偿潜在的核事故受害者。第一层责任为每个核设施运营商必须购买一定金额的责任保险，作为初始赔偿基金。第二层补偿机制为当单一事件造成的损失超过了单个运营商保险额度时，所有核电站运营商将共同分担超出部分的赔偿责任，形成一个“行业赔偿池”。根据该法案，每个核反应堆都必须投保价值3.75亿美元的“第一级”私人保险，如果核事故的损失超过3.75亿美元，则由该法案的“第二级”责任基金来支付多余的费用。运营核反应堆的私营公司必须支付其“按比例分摊的超额部分，赔偿金额最高可达1.119亿美元”，

〔1〕 Alejandro Monarrez, “Autonomous Vehicle Manufacturers: Applying a Common Carrier Liability Scheme to Autonomous Vehicle Manufacturers—and Why Elon Musk Will Be Haunted by His Words”, *Seattle University Law Review*, 1 (2020).

这笔资金来自二级保险池。美国的每座核反应堆每年必须向二级资金池“缴纳最多 9580 万美元，每年分期支付 1500 万美元或更少，并以 5 年为间隔根据通货膨胀进行调整”。[1]只有当第一个保险池耗尽时，第二个保险池才可以使用。

“将自动驾驶汽车引起的侵权事故责任全部要求自动驾驶汽车制造商来承担不利于技术的发展，这会大大降低汽车制造商们的积极性，阻碍自动驾驶汽车进入市场，就如同当年核能工业的际遇一样。自动驾驶汽车行业应采用两级保险框架，为自动驾驶汽车和技术制造商提供确定的责任，这样他们才有动力开发和生产自动驾驶汽车。否则，自动驾驶汽车将需要更长的时间才能进入市场，社会要到更晚的时候才能充分享受到自动驾驶汽车带来的好处。”[2]对于自动驾驶汽车应当参照核事故侵权规则，建立双层次责任保险框架，设定损害赔偿上限，风险就会在许多制造商和保险公司之间分散和分担，避免制造商因昂贵的诉讼费用而破产。

但是，此规则的适用也存在一定的障碍，首先是道德风险问题。如同《普莱斯-安德森法》面临的道德风险问题，部分厂商可能因为有赔偿保障而降低对产品安全性的重视程度，过度依赖赔偿机制而不是从源头上减少事故的发生。其次是公平性问题。由于所有的自动驾驶汽车制造商或运营商都可能需要为整个行业的极端事故买单，这就可能导致那些表现优秀、事故率低的企业认为不公平，因为他们同样要为其他企业的失误支

---

〔1〕 Kyle Colonna, “Autonomous Cars and Tort Liability: Why the Market Will ‘Drive’ Autonomous Cars Out of the Marketplace”, *Journal of Law*, *Technology*, & *the Internet*, 81 (2012).

〔2〕 Kyle Colonna, “Autonomous Cars and Tort Liability: Why the Market Will ‘Drive’ Autonomous Cars Out of the Marketplace”, *Journal of Law*, *Technology*, & *the Internet*, 81 (2012).

付成本。此外还存在具体的实施与监管问题。实施双层次责任保险制度涉及如何制定合理的保费、赔偿限额以及如何公正有效地分配赔偿责任。如果设定的赔偿限额不足以覆盖未来可能出现的极高额赔偿需求，那么依然可能存在受害人得不到充分赔偿的风险，这对政策制定和监管提出了较高要求。

（5）参照疫苗事故侵权规则，建立基金制度。虽然疫苗对促进整个社会的健康利益十分重要，但由于其所具有的不可预见的风险，在 20 世纪 50 年代至 80 年代，美国疫苗企业曾经遭遇有关疫苗事故侵权的两次诉讼浪潮，这些诉讼对疫苗生产商和医疗提供者构成了巨大压力，可能导致疫苗供应中断，进而影响到公共卫生安全，疫苗行业发展也受到极大破坏。为此，美国政府于 1986 年通过了《儿童疫苗损害国家赔偿法》（National Childhood Vaccine Injury Act）及其配套设立的“疫苗伤害赔偿计划”（Vaccine Injury Compensation Program，VICP），由此疫苗行业才逐渐走上正轨，最终造福整个社会。VICP 计划由联邦政府运作，资金来源是每剂疫苗销售时征收的小额税金，疫苗生产商缴纳的每剂 0.75 美元的税款，作为回报，疫苗生产商几乎可以完全免于私人诉讼。

疫苗事故侵权规则适用的具体实施程序是，当个人认为其或其子女因接种疫苗而受到伤害时，他们可以绕过传统的民事诉讼程序，直接向 VICP 提出索赔。如果满足某些要求，如证明在接种疫苗后的一定时间内受到伤害，则推定存在因果关系，消费者无需证明实际伤害。如果发生伤害，VICP 将与消费者一起制定终生护理和费用计划。在消费者死亡的情况下，死者家属可一次性获得 250 000 美元的赔偿。VICP 设有专门法庭（疫苗法庭），处理相关赔偿事宜。如果受害者无法在 VICP 中获得满意的结果，仍可以选择在某些情况下提起传统侵权诉讼，但必须首先证明存在设计缺陷、制造问题或者疫苗信息标注不当等过错。

同样，为促进自动驾驶行业的发展，参照该法案就此设立一个全国性的大规模救济基金。立法者和行业领导者可以共同确定对自动驾驶汽车制造商征收的合理税费，从而为自动驾驶汽车行业创造一个良好的环境。对自动驾驶汽车制造商征收合理的税款，从而建立一个足够大的资金池来支付给因自动驾驶汽车故障或其他缺陷造成损失的受害者。〔1〕

上述建立保险基金的学说也遭到了反对。有学者认为自动驾驶汽车的危险性被人为地夸大了："虽然说这种话时间尚早，但在公共道路上进行无人驾驶汽车测试的现有证据可能表明，与无人驾驶汽车相关的碰撞事故可能没有人们担心的那么普遍。"〔2〕自允许自动驾驶汽车测试以来，美国每年所发生的碰撞事故才几十起，加利福尼亚州报告的碰撞事故总数不到 300 起，尽管该州已在公共街道上进行了数年的广泛测试。据记录，仅有一起无人驾驶汽车死亡事故，涉及一名行人被一辆 3 级无人驾驶汽车撞倒。4 级和 5 级无人驾驶汽车尚未造成致命事故，虽然这一高级别的汽车还没有接受那么多的测试。可以肯定的是，与目前对无人驾驶汽车潜在的大规模侵权责任的宣传相比，报告的无人驾驶汽车碰撞事故数量较少，大规模侵权宣传过度。大规模侵权行为对自动驾驶汽车开发商构成生存威胁的可能性很低，这并不能成为建立赔偿基金的理由，这种做法本身就可

〔1〕 Caitlin Brock, "Where We're Going, We Don't Need Drivers: The Legal Issues and Liability Implications of Automated Vehicle Technology", *University of Missouri - Kansas City Law Review*, 3 (2015).

〔2〕 Walter G. Johnson, "Overhyping Mass Torts for Autonomous Vehicles: Why Preempting Civil Tort Liability Is Unwarranted", *Santa Clara High Tech Law Journal*, 321 (2021).

能会抑制提高车辆安全的积极性。

（6）适用产品责任规则，由汽车制造商承担责任。“对于自动驾驶汽车而言，使用人并没有实施驾驶行为，汽车的运行实质上由系统操控。因此，当自动驾驶汽车发生交通事故时，最有可能的原因就是系统出现故障，而非使用人存在过错。”〔1〕产品责任对自动驾驶汽车制造商而言是无过错责任，它的构成要件是：产品缺陷、损害、产品缺陷与损害之间有因果关系。在自动驾驶汽车致他人损害的情况下损害与因果关系的条件均已满足，但是自动驾驶汽车是否存在缺陷这一要件的判断与传统产品缺陷责任应当有所不同。

在理论上产品责任中的产品缺陷通常被划分为以下三类。①设计缺陷（Design Defects）：设计缺陷指的是产品在最初设计阶段就存在安全隐患或不合理之处，即使在正常生产和使用条件下，产品也无法达到人们合理期待的安全标准。例如，汽车刹车系统设计有缺陷，即使制造工艺和材料均按设计要求执行，也会因为设计本身的不合理性导致刹车失灵。②制造缺陷（Manufacturing Defects）：制造缺陷是指产品在生产、加工、组装等制造过程中出现了与设计不符的错误，这些错误导致产品的安全性受到影响。即使产品设计本身是安全的，但由于生产过程中的失误或不合格原材料使用，使得个别产品在出厂时就存在安全隐患。例如，一辆汽车的刹车部件未按设计要求进行安装或使用的材料强度不足。③警示缺陷（Warning or Instructional Defects）：警示缺陷又称指示缺陷或信息缺陷，是指产品未提供足够的警告说明或使用指南，导致使用者无法得知正确、安全的使用方式或产品可能带来的潜在危险。例如，一款家用电器没有提供必

〔1〕 Gary E. Marchant, “The Coming Collision Between Autonomous Vehicles and the Liability system”, *Santa Clara Law Review*, 52 (2012).

要的安全警告标签，或药品包装上未明确注明可能的副作用和禁忌证。

三类缺陷并不能完全涵盖自动驾驶汽车的缺陷，还应当引入其他缺陷认定标准，例如，动态性能缺陷：自动驾驶汽车在实际运行过程中，如果系统性能不稳定，或在特定条件下的性能下降导致无法安全行驶，例如，在恶劣天气或特殊道路环境中，自动驾驶系统未能表现出与其宣称的功能和安全水平相符的性能，也可以视为产品缺陷。此外，产品缺陷还包括在产品用于其预定用途或可合理预见的使用状态下，未能满足基本安全需求的情况。对于自动驾驶汽车而言，这意味着在设计和制造时应考虑到各种可能的行车环境和交通情景，如果在这些情况下车辆不能保障行车安全，则存在产品缺陷。总之，在自动驾驶汽车侵权事故中，产品缺陷的认定需要结合具体的事故情况，对照设计标准、生产流程、用户操作手册以及相关法律法规，对产品进行全面的技术鉴定和法律分析，以确定是否由于产品缺陷导致了损害的发生。

(7) 适用交通事故侵权责任规则，由汽车使用人承担责任。该规则的适用存在一个问题，如前文所述，L3、L4、L5 级高度自动驾驶汽车，运行过程中由驾驶系统控制汽车，驾驶员丧失了车辆的控制权而转为车辆乘客，对事故的发生不具有预见及防范能力，在此逻辑下，基于过错原则归责的交通事故的责任承担的主体不可能是驾驶员。也有观点认为，交通事故侵权责任中也存在着无过错责任，其依据是《道路交通安全法》第 76 条。但是，该条所规范的是特定情况下的机动车一方的无过错责任，属于因“优者危险负担”原则与公平原则的适用而产生的例外规定，在机动车对非机动车驾驶人或者行人造成的侵权事故中，机动车作为强者，在机动性能和回避能力皆优的情况下多承担赔偿责任，从而实现对弱者的特殊保护。该条款规定的是机动车、非机动车驾驶人或者行人之间的责任承担问题，并非机动车内部驾驶员与自动驾驶系统、汽车制造商之间的责任承担问题。

有学者认为，在自动驾驶的情形下，使用人仍享有运行利益，〔1〕当车辆使用人启动了自动驾驶系统，并允许车辆在其控制下运行时，可以认为其对车辆的运行具有一定的授权作用，类似于传统驾驶情境中的驾驶员角色。尽管不直接操控车辆，但作为系统的激活者，使用人在某种程度上应当对系统的正确使用负责。此外，部分高级别的自动驾驶系统虽然允许驾驶者脱手操作，但仍要求使用人保持适当关注，以备在必要时接管控制权。若使用人未能履行合理的监管义务，导致事故发生，则可以适用类似“疏忽驾驶”的归责原则。

2. “例外论”：为自动驾驶汽车构造特殊侵权责任规则

(1) 根据汽车所处模式不同确认责任主体，适用过错归责原则。“自动驾驶模式下发生的交通事故，由自动驾驶汽车的生产者承担责任；人工驾驶模式下发生的交通事故，由自动驾驶汽车的使用人承担责任。”〔2〕在通常情况下，自动驾驶模式下的车辆所造成的责任应由制造商承担，但如果驾驶员注意力不集中，责任可能会转回驾驶员身上。根据这一理论，由谁承担责任将取决于驾驶员自身状况及其防止事故发生的能力，例如，

---

〔1〕［日］藤田友敬：《自动驾驶的运行供用者责任》，载《jurist》2017 年第 1 期，转引自郑志峰：《自动驾驶汽车的交通事故侵权责任》，载《法学》2018 年第 4 期。

〔2〕尤婷、刘健：《自动驾驶汽车的交通事故侵权责任研究》，载《湘潭大学学报（哲学社会科学版）》2021 年第 2 期。

司机在残疾、能力下降和分心的情况下制造商应当承担责任。[1]自动驾驶模式下，自动驾驶系统应当尽到安全注意义务，其独立运行着车辆，支配汽车、承担驾驶任务，需要遵守交通规则避免产生安全事故。如果自动驾驶汽车违反了该种安全注意义务，作为该工具的生产者与设计者等相关主体需要承担责任。自动驾驶汽车的所有人或使用人也应承担应尽的安全注意义务。此外，自动驾驶汽车的使用人也需要承担安全注意义务，使用人的安全注意义务应当包括对车辆保养维护的义务、合理且恰当地使用自动驾驶汽车的义务、在接管汽车时的妥善驾驶义务，如果没有尽到上述三点安全注意义务而发生交通事故，汽车使用人需要承担一定的赔偿责任。

有学者认为，对自动驾驶汽车的使用人也需要进一步区分情况来判断其应当承担的注意义务范围。[2]不同类型的使用人在自动驾驶汽车的要求下接管驾驶行为的能力不同，相应的接管职责也会不同。这是考虑到随着自动驾驶汽车的使用，一些本不能够独立驾驶汽车的人群也会成为使用人，比如，老人、残疾人。对于四肢健全、有能力接管汽车并妥善驾驶的人，如果其因故意或者过失造成交通事故的，应当承担责任。而对于那些没有接管能力的使用人来说，其不作为的行为并不属于过错也不构成侵权。自动驾驶汽车的制造商理应为此类人群设置合理的应对与保护措施以避免危险的发生、提供安全的驾驶运行服务。如果系统未作出合理、适当地应对造成了交通事故的发生，那么制造商应当承担责任。

与之配套的还需要引入事故数据记录仪（Event Data Re-

---

〔1〕 Effrey Gurney, “Sue My Car Not Me: Products Liability and Accidents Involving Autonomous Cars”, *Journal of Legislation & Public Policy*, 3 (2013).

〔2〕 郑志峰：《自动驾驶汽车的交通事故侵权责任》，载《法学》2018年第4期。

corder）即黑匣子技术，记录交通事故发生的过程以此判断事故发生时汽车处于人工驾驶模式还是自动驾驶模式。同时，记录汽车的实际使用人状况，据此作为判断其应尽安全注意义务的标准以及是否履行了相应的安全注意义务。

（2）赋予自动驾驶汽车法律主体地位。有学者认为："一些机器可能有足够的利益来获得法律地位，另一些机器可能在形式上与人类非常相似，将它们排除在人格地位之外会损害现有人类的利益。"[1]但是，赋予自动驾驶汽车法律人格让其承担责任，是不可能的。在法秩序层面，"因为法是人的意志的表达，所以法是按照人的意志构建的。在人工智能与人的关系中，人的意志或意图已经决定了人工智能的地位——法律关系的客体"[2]，而非能够承担法律责任的法律关系主体。可能会有观点认为，科技发展到一定阶段，人工智能会像人类一样具有独立自主的辨识能力与认知能力，这时候应当赋予其法律人格。但是，这仅是一种猜测，具有很大的不确定性，如果将法律架构在虚无缥缈的猜测上是非常荒谬的。

（3）制造商企业责任（Manufacturer Enterprise Responsibility，MER）。肯尼亚·亚伯拉罕（Kenneth S. Abraham）与罗伯特·雷宾（Robert L. Rabin）认为，一旦高度自动驾驶汽车成为一种重要且经常采用的运输模式，保留过失驾驶和缺陷产品责任的故障导向标准将变得过时或不合理，因为这些标准是依据辅助驾驶汽车而制定的，并未考虑到高度自动驾驶汽车。此外，由于技术变革，目前以司机为中心的责任体系将成为历史——司机疏忽的情况

---

〔1〕 Jessica Berg, "Of Elephants and Embryos: A Proposed Framework for Legal Personhood", *Hastings Law Journal*, 59 (2008).

〔2〕 刘瑞瑞：《人工智能时代背景下的刑事责任主体化资格问题探析》，载《江汉论坛》2021年第11期。

将很少，因为人们很少实际驾驶、控制汽车。然而，汽车制造商仍将生产汽车，他们生产的汽车将是大多数事故的原因。但是，汽车制造商产品责任体系也会变得极其难以适用并且不合时宜。〔1〕

在亚伯拉罕与雷宾的构想下，MER 制度是一个通过向制造商征收税款而建立的基金管理制度，即由自动驾驶汽车制造商出资并且承担无过错责任的人身伤害赔偿制度。需要说明的是，该制度仅针对高度自动驾驶汽车造成的人身损害，事故造成的财产损失可以通过传统财产保险来解决，汽车所有人仍然可购买传统的汽车保险。高度自动驾驶汽车的使用者、行人和骑自行车的人仍然可以购买财产保险，以弥补个人财产损失。此外，该制度仅限于 L4、L5 级高度自动驾驶、无人驾驶汽车，对于 L3 级别的汽车适用 MER 在概念上和实践上都存在困难。有些事故可能是由 3 级车辆的自动驾驶系统引起的，有些可能是由司机失误造成的，例如，疏忽接管，也可能前两者原因皆有之。试图确定哪种情况发生，并仅在某些情况下应用 MER，将会弊大于利，因此他们选择统一的不予适用。

MER 制度的统一启用需要达到一定的标准，如何判断新的责任体系适用时机或者标准，亚伯拉罕与雷宾认为当注册的自动驾驶汽车数量在全国的汽车总量中达到相当大的比例如 25% 时，才能不再适用现行的责任和保险制度改用 MER 制度。在此之前，传统的侵权法制度，包括可能适用的产品责任与交通事故责任，将继续对所有类型的事故有效。一旦超过 25% 的门槛，无过失 MER 制度将适用于涉及自动驾驶汽车的事故，即使事故也涉及传统汽车或者事故原因为人类驾驶员因疏忽未接管自动

〔1〕 K. S. Rabin, "Automated Vehicles and Manufacturer Responsibility for Accidents: A New Legal Regime for a New Era", *Virgnia Law Review*, 105 (2019).

驾驶汽车，对于仅涉及传统汽车的事故仍适用传统侵权法制度。

适用由制造商承担责任的 MER 制度有以下几处优点：首先，制造商对自动驾驶汽车具有操作控制权，而车主只是乘员；其次，制造商处于最佳位置，可以决定在操作系统中投资什么，以避免额外的事故和事故责任，这将激励制造商研究改进系统的方法，并将目前不可避免的事故发生率降至最低；再次，制造商可以将事故成本内部化到自动驾驶的价格中；最后，MER 制度相较于现存的汽车制造商承担的产品责任风险与成本更小，即 MER 制度中制造商需承担的财务成本比传统产品责任的风险更具可预测性和稳定性。

MER 制度的适用也存在一些问题，这也是无过错责任适用的普遍问题。首先，制造商可能会将额外成本转嫁给消费者，导致车辆售价上升，这可能影响消费者的购买意愿和自动驾驶汽车的市场推广。其次，道德风险问题，若制造商承担了全部或大部分赔偿责任，可能降低他们在确保产品安全方面的积极性，反而过度依赖于赔偿机制而非提高产品质量和技术安全性。再次，赔偿效率低下，通过设立基金进行赔付可能会涉及复杂的行政流程，以及基金管理中的潜在腐败和低效，从而延迟受害者获得赔偿的时间。此外，该制度的适用还涉及国际合作问题，如果只有个别国家或地区实施 MER 制度，跨国制造商在不同司法管辖区之间的责任分配和赔偿问题将会更加复杂。最后，MER 制度可能模糊了与其他相关方的责任界限，如零部件供应商、软件开发商甚至道路管理者等其他潜在责任主体的责任划分，可能导致责任链条混乱不清。

（4）汽车制造者承担产品缺陷责任，并引入生产者强制保险制度。有学者认为：“让乘车人承担侵权责任是不合理的，但从保护受害人角度看，又必须提供救济。一起机动车事故可能涉及的主体共四方：受害人、乘车人（保有人）、保险人、生产者。既然不能让受害人与乘车人承担，而保险人的赔偿义务又是与侵权责任挂钩的，因此只剩下唯一的可能——生产者。”〔1〕该学者主张，对于L2、L3级别的非全自动驾驶汽车可以被认为是存在设计缺陷的产品，因为制造商制造汽车之时就可以预见乘车人接管不及时的风险，当乘车人接管不及时而造成自己或第三人损害时，生产者应当承担产品缺陷责任。L4、L5级别的全自动驾驶汽车造成的交通事故，因驾驶人处于乘客的位置而不能支配汽车，无法判定其过错，因而也需由汽车制造商承担产品缺陷责任。此时，产品缺陷的判定可以遵从“熟练驾驶员标准”，该标准是指将自动驾驶系统的性能和行为与一名熟练驾驶员在相同或相似情境下的操作相比较。如果自动驾驶系统在某种情况下无法表现出与熟练驾驶员相当或更好的处理能力，从而导致了事故或险情，那么这一情况可能被视为自动驾驶系统的缺陷。换言之，自动驾驶汽车能在所有可预见的操作条件下，展现出至少不低于熟练驾驶员的驾驶水平和安全性能。

汽车制造商承担了过重的责任可以通过引入强制保险制度来减轻其财务负担。只要其在生产自动驾驶汽车时一次性投入一笔数额确定的保费，就可以应对将来可能发生的不确定的赔偿。与前述MER制度的适用存在的问题相似，此种方式可能会使得制造商将额外成本转嫁给消费者，导致车辆售价上升，这可能影响消费者的购买意愿和自动驾驶汽车的市场推广。但是，有学者认为，基于自动驾驶汽车的适用，发生交通事故的概率会降低，相应的制造商所需缴纳的保险费用会降低，并不会造

〔1〕 赵申豪：《自动驾驶汽车侵权责任研究》，载《江西社会科学》2018年第7期。

成过高的消费成本。[1]美国公路安全保险协会（IIHS：Insurance Institute of Highway Safety）进行了一项对于美国国家公路交通管理局收集的全国汽车碰撞原因的项目研究，选取了5000多起警方报告的碰撞事故并对其进行数据分析。IIHS团队确定了导致撞车事故的五个主要因素：①“感知与认知偏差”，此类原因主要为驾驶员注意力分散、视线受阻以及在事故发生前未能有效识别危险因素。②“预测失误”，当驾驶员错误判断车辆之间或车辆与周边建筑、物件的间隙，错误地估计另一辆车行驶的速度或对他人的行为作出错误的假设。③“决策错误”，主要发生在驾驶员对路况把握不准确而驾驶车辆太快或太慢，或者是没有合理设置与前方车辆之间的跟随距离大小。④“行动和操作错误”，包括不适当或不正确地操作、控制车辆的错误。⑤“驾驶能力下降”，包括因使用毒品、酒精、困倦所造成的驾驶能力下降。根据IIHS的研究，因第一类感知与认知偏差而导致的碰撞事故占总事故的24%，因第五类丧失能力的情况占10%。如果道路上的所有车辆都是自动驾驶，那么这些碰撞理论上是可以避免的。[2]也就是说，随着自动驾驶汽车的引入，汽车的碰撞事故将会有所减少，预计总损失会减少，所以购买保险所需缴纳的保费额度相应地就会下降。此外，有关成本分摊其实是一个商业博弈的问题。汽车制造商将保费成本分摊给消费者，实则是风险的二次分摊，消费者被分摊的数额是极为有限的。因为如果数额过高，会抑制消费者的积极性，

---

〔1〕赵申豪：《自动驾驶汽车侵权责任研究》，载《江西社会科学》2018年第7期。

〔2〕https：//www.autohome.com.cn/news/202006/1003538.html，访问时间：2024年3月24日。

这会倒逼生产者降价。[1]

在该责任承担规则下，在生产者没有投保强制险的情况下，自动驾驶汽车造成的侵权事故就不必然由生产者来承担。如果损害是由于乘车人在接管汽车的时候存在疏忽、马虎大意造成的，并不属于由自动驾驶汽车的缺陷导致，可以参照未依法投保交强险的机动车发生交通事故造成损害的相关规定处理，由投保人和实际侵权人在一定限额内承担不真正连带责任，事后汽车制造者可以就所承担的责任部分向乘车人追偿。

（5）对汽车进行分级适用比例责任。有学者主张："在 L0-L2 级别时以传统的人类驾驶员的过错责任和过错推定责任为基础；在 L5 级别时以智能系统制造商和生产商的产品责任为基础；在 L3~L4 级别时以两者相结合的比例责任形式来认定智能汽车事故中的侵权责任问题。"[2]该主张认为，处于 L3~L4 级别的自动驾驶汽车，自动驾驶系统监控路况并控制车辆，驾驶人仅在发生紧急状况的时候才有控制能力，此时驾驶人与自动驾驶汽车制造商对外承担连带责任，对内则按照比例划分责任范围。责任的承担比例可以综合人类驾驶员的控制能力、自动驾驶系统决策的合理性与结果避免可能性三个要素考虑。人类驾驶员的控制能力主要包括两个方面：第一是结合智能系统所提供的操作模式考虑，即如果智能系统提供了可供选择的模式，而驾驶员选择了风险较高的模式，其归责的可能性就高；第二是结合自动驾驶系统的自动化程度，判定驾驶员的操作权限和控制范围。智能系统的决策合理性是综合侵权损害发生时的各

---

〔1〕 赵申豪：《自动驾驶汽车侵权责任研究》，载《江西社会科学》2018 年第 7 期。

〔2〕 季若望：《智能汽车侵权的类型化研究——以分级比例责任为路径》，载《南京大学学报（哲学·人文科学·社会科学）》2020 年第 2 期。

项情况来判断的，可参考有关自动驾驶汽车的国家标准与行业标准、“理性驾驶员标准”。不具有结果避免可能性可以被视为驾驶员的免责事由，该可能性的判断则需要结合具体的车辆设备情况、交通路况以及驾驶员的状态作出。

（6）汽车保有人承担无过错责任。该学说认为，自动驾驶汽车的发展会使得实际驾驶人消失，但是，作为自动驾驶汽车所有人或管理人的保有人并不会消失，这使得无过错责任的归责方式具有可能性。首先，让保有人负责智能汽车非缺陷导致的事故，仍然在大致上符合危险责任的一般原则。危险责任的正当性，主要是因为控制人选择开启了危险、控制人能够更好地控制危险以及控制人从危险中获得了利益。自动驾驶汽车的保有人启动汽车，并且从汽车的行驶中获得了一定的利益，使其承担危险责任并无逻辑障碍。其次，对于自己所有的、有一定自主性的物承担责任一直存在于历史和当下的侵权法中，自动驾驶汽车保有人对自动驾驶汽车造成的损害承担责任并未突破一般规则。再次，让汽车保有人承担责任在利益平衡上不会失当。自动驾驶汽车的上路运营也会通过强制保险制度来降低所有人的风险。保有人可以通过投保来规避风险，由于智能汽车被期待可以降低交通事故的发生率，有人可以通过投保来降低自己的风险，保费金额也会在合理的预期内。最后，让自动驾驶汽车的保有人承担责任，可以为智能汽车交通事故责任的处理设置统一规则。[1]

（7）综合适用保有人责任、驾驶人过错推定责任和生产者

---

〔1〕殷秋实：《智能汽车的侵权法问题与应对》，载《法律科学（西北政法大学学报）》2018 年第 5 期。

责任三种责任规则。[1]该学说认为，保有人对于机动车运行相关的所有危险（无论是机动车与非机动车还是机动车之间的致害）承担无过错责任。理由如下：自动驾驶机动车与传统机动车最大的区别在于驾驶方式的转变，但是原本属于传统机动车的破坏力并没有改变，造成损害的程度仍然巨大，造成损害的可能性与传统机动车相比有降低的可能，但还是高于一般生活风险，所以属于高度危险。因此，自动驾驶机动车造成非机动车和行人损害的侵权责任仍为危险责任，其归责原则应为无过错责任。

驾驶人对违反驾驶相关义务所致损害承担赔偿责任。自动驾驶机动车的驾驶人违反驾驶自动驾驶汽车所负有的义务的，其过错就可被推定，除非其能够举证证明已尽到合理注意义务，或者基于当时的具体情况不能期待其尽到注意义务。

制造商则对自动驾驶机动车缺陷所致损害承担赔偿责任。包括：设计缺陷、制造缺陷、警示缺陷、跟踪观察缺陷。如果保有人想向制造商进行追偿，则必须举证证明自动驾驶机动车存在上述缺陷。

保有人责任、驾驶人过错推定责任和生产者责任三者共同构成因自动驾驶致害的侵权责任体系，缺一不可。此外，保有人与驾驶人之间、保有人与生产者之间均需要承担不真正连带责任。

二、驾驶人责任的归责原则

（一）驾驶人是否承担责任

在自动驾驶汽车侵权事故发生时，可能承担责任的主体有

〔1〕刘召成：《自动驾驶机动车致害的侵权责任构造》，载《北方法学》2020年第4期。

驾驶人、自动驾驶汽车制造商，而前述学说对归责原则的构建也大多是围绕着两者进行分析、论述，部分学说辅以强制保险制度而引入保险人等主体。前文介绍的归责原则对于驾驶人是否应当承担责任已进行了充分的论述，对于不同级别的自动驾驶汽车驾驶人是否应当承担责任，对L0级应急辅助、L1部分驾驶辅助、L2组合驾驶辅助汽车的主张和理由较为统一，级别较低的汽车即为传统汽车无须跳脱出现有的侵权归责架构，适用交通事故侵权责任与产品缺陷责任。对于L3条件自动驾驶、L4高度自动驾驶、L5完全自动驾驶汽车，驾驶人的侵权责任承担有一定的争议。

对于L5完全自动驾驶汽车，主张驾驶人不承担责任的理由大致如下：因为L5级别的汽车在任何环境下都不需要驾驶人员介入，驾驶人除了启动汽车、设定目的地，几乎不能支配汽车的运行，这种情形下驾驶人这一概念似乎已不复存在，车辆上存在的只有乘客，乘客无法掌控汽车的运行也无法预测与避免交通事故的发生，不能苛以注意义务也无从适用过错归责原则。而主张驾驶人需要承担责任的观点有多个角度的论述，有观点从风险与收益匹配、公平原则等来考虑，驾驶人对车辆的运行享有利益，享受了车辆带来的出行便利，则应当对车辆造成的损害承担责任。[1]有学者则回避了乘客这一概念，转而将汽车保有人列入责任承担主体范围内，论述逻辑与前者相类似，自动驾驶汽车的保有人启动汽车，并且从汽车的行驶中获得了一定的利益。

根据GB/T 40429-2021，L3级汽车需要在设定的运行条件

〔1〕［日］藤田友敬：《自动驾驶的运行供用者责任》，载《jurist》2017年第1期，转引自郑志峰：《自动驾驶汽车的交通事故侵权责任》，载《法学》2018年第4期。

下才可以进入完全自动驾驶，除此以外，只能保持一种较低风险状态，此时就需要驾驶人承担一定的注意义务，随时解除自动驾驶状态并且接管汽车。在识别到超出了设计运行范围的情况时，会要求驾驶人介入驾驶，这也对驾驶人提出了履行注意义务的要求。L4 级汽车在限定道路和环境条件下能够完成所有驾驶操作，可以自主监测车辆行驶的环境独立从事全部驾驶行为，不需要驾驶员的干预。脱离了特定的环境与条件，仍需驾驶员驾驶、控制汽车。

对于 L3、L4 级别的汽车，主张驾驶人承担责任的观点认为汽车在运行过程中需要驾驶人员保持一定的注意义务，在特定情况下接管汽车，如果驾驶人没有尽到注意义务而导致产生交通事故则需要承担责任。该注意义务可进一步扩张和细化。主要包括：①对车辆保养维护的义务确保车辆始终处于良好的运行状态，以降低由机械故障、磨损老化等问题导致交通事故的可能性。对于自动驾驶汽车，还需特别关注与自动驾驶功能相关的传感器、摄像头、雷达等设备的清洁和工作状态，以及自动驾驶系统的功能性检查。②合理且恰当地使用自动驾驶汽车的义务，驾驶人应当熟悉并遵守厂家提供的操作手册，不得滥用或误用自动驾驶功能。③在接管汽车时的妥善驾驶义务，自动驾驶系统由于技术限制、环境变化或系统故障等原因提示驾驶员接管时，驾驶员必须立即做好接管准备并迅速恢复手动驾驶。

有学者对此提出了反对，连续使用自动驾驶功能容易使车内乘员过分依赖自动驾驶系统、降低警觉性，当遇到突发状况时，他们可能无法迅速作出响应。倘若由此引发了交通事故，一般侵权责任的认定并不会轻易落在乘员头上，毕竟侵权责任成立的前提通常是行为人的过错。对于乘车人来说，他们显然不具备故意造成损害的动机，因此只能从过失层面进行考量。然而，所谓过失是指行为人在明知可能发生损害且具备避免可能性的情况下，却没有采取避免措施。但鉴于前述情况，长时间处在自动驾驶状态下的乘员由于自然的心理松懈，在紧急情况下反应滞后是一种难以抗拒的生理反应。所以，即便在关键时刻未能及时接手车辆操控，造成事故，也不能认定他们存在过失行为，从而不具备构成侵权责任的基础。〔1〕

（二）驾驶人责任归责原则

1. 无过错责任原则

驾驶人责任的归责原则，现有学说有“参照雇主替代责任规则”“参照动物侵权规则”，这两种实际上都是无过错责任。只要受害人证明了自己的损害由自动驾驶汽车造成，对汽车运行具有注意义务的驾驶人就应当承担侵权责任。首先，交通事故的发生有时并不是驾驶人的失误导致的，而是因为自动驾驶汽车自身具有缺陷，此时要求驾驶人承担无过错责任有失公平。其次，驾驶人承担过高的侵权责任，可能导致公众对自动驾驶汽车持消极态度，从而影响到该技术的市场推广和产业化进程。最后，由驾驶人承担无过错责任弱化了对汽车制造商和自动驾驶技术提供者提高安全标准和产品质量的压力，不利于从源头上减少事故发生的可能性。

2. 过错责任原则

前述主张驾驶人承担责任的其他学说，都将重点放在了驾驶人对自动驾驶汽车的运行具有注意义务，驾驶人因违反注意义务而承担责任，并未明确驾驶人承担的是过错责任还是过错推定责任。两者主要的区别在举证责任的分配方面，对于过错

〔1〕 赵申豪：《自动驾驶汽车侵权责任研究》，载《江西社会科学》2018 年第 7 期。

责任来说，受害人须证明侵权行为人在实施行为时存在主观过错，且其过错行为与损害结果之间存在因果关系，才能要求行为人承担侵权责任。过错推定责任下受害人不需要直接证明行为人的过错，而是由行为人来证明自己没有过错，或者说其行为与损害结果之间不存在因果关系，方可免责。由此可见，过错责任的适用不利于受害人求偿，被侵权人可能不具有自动驾驶汽车的专业知识、不了解自动驾驶汽车运行过程的操作细节，无法证明事故发生的原因是汽车本身的故障还是基于驾驶人的操作失误，或者是证明成本过高。自动驾驶汽车本身运行逻辑复杂，其中还会存在“算法黑箱”、商业秘密等因素，都为受害者自我救济增大了难度。受害人需要花费更多时间和精力在法律诉讼中寻找和证明驾驶人的过错，这会增加司法成本，同时延缓受害人获得赔偿的速度。

3. 过错推定原则

对驾驶人适用过错推定责任，如果驾驶人违反了驾驶自动驾驶汽车所负有的义务，其过错就可被推定，除非其能够举证证明已尽到合理注意义务，或者基于当时的具体情况不能期待其尽到注意义务。过错推定原则的存在，会让驾驶人在使用自动驾驶汽车时更加谨慎，时刻准备介入驾驶，以避免因无法证明自身无过错而承担侵权责任。受害人起诉时在举证责任方面相对轻松，降低了受害人寻求赔偿的门槛。由于驾驶人需要证明自身无过错，理论上可以加快查明事故原因和确定责任的过程，使得受害人能够更快地获得赔偿，减轻受害人的经济压力和心理负担。

综上所述，无过错原则与过错原则对驾驶人责任归责都存在明显弊端，过错推定原则更为合适。这也契合了以下现象，侵权责任法的道德评价意味逐渐变淡，法经济学的理念逐渐得到彰显。它以“对所有人都有利”为目标，在特定案件中，虽然大多数时候都符合道德或正义的标准，但它的初衷并非考虑对个人的正义，而是提供一个总体上对社会有利的规则体系。

三、制造商责任的归责原则

（一）制造商应当承担责任

上述学说大多主张让汽车产品制造商承担责任，也有部分学者认为，为了鼓励新技术的发展，减小生产者的生存压力而建立双层保险基金或者救济基金，但是此种观点也并未反对让制造商承担责任。

对于自动驾驶汽车侵权，制造商必须承担责任。首先，对侵权事故受害者来说，汽车制造商作为具备强大经济实力和技术背景的实体，承担侵权责任可以确保受害者在事故发生后能够得到及时且充分的赔偿，减轻受害者的经济负担和心理压力。相对于驾驶人或使用者，汽车制造商更易追溯和查明事故原因，特别是在涉及自动驾驶系统技术缺陷或软件错误的情况下。明确制造商的责任有利于受害者迅速进入索赔程序，提高法律救济的效率。其次，对于驾驶人或使用者来说，在遵守使用规范的前提下，不必担忧因不可预见的技术问题导致的事故责任，从而减轻了个人法律责任的不确定性，增强了对自动驾驶技术的信任感。针对自动驾驶汽车整体发展来讲，制造商处于最佳位置，可以决定在操作系统中投资什么，以避免额外的事故和事故责任，这将激励制造商研究改进系统的方法，并将目前不可避免的事故发生率降至最低。

如果自动驾驶汽车造成的侵权事故完全无需制造商承担责任则会导致一系列的问题：首先，可能会缺乏足够的经济驱动去不断改进和完善自动驾驶技术的安全性，可能导致制造商对技术缺陷不够重视，降低技术创新的积极性。其次，消费者在购买和使用自动驾驶汽车时，如果制造商不对事故负责，一旦发生侵权事件，消费者可能无法获得合理的赔偿，这将严重损害消费者权益，降低公众对自动驾驶汽车的信心和接受度。此外，可能会导致制造商在设计、制造和销售过程中缺少必要的法律责任约束，放任产品缺陷的存在，从而加剧道路安全风险。最后，制造商完全不承担责任将导致法律领域的真空地带，与侵权责任法的基本精神相违背，影响社会公平正义，也不利于法律体系的建设和发展。

（二）制造商承担产品责任

制造商承担产品责任最为合适，“产品责任已经被证明非常适应新技术的发展，自动驾驶技术也不例外”。[1]“例如飞机和海船的自动驾驶仪，对两者来说适用产品和严格责任诉讼不会损害自动驾驶技术在市场上的发展。虽然飞机自动驾驶仪和自动驾驶汽车有所区别，但它们的相似性足以表明，在未来自动驾驶技术被指控造成损害时，产品责任和严格责任很可能会适用于自动驾驶汽车。”[2]“产品责任法能够处理自动驾驶汽车的出现，就像它处理安全带、安全气囊和巡航控制一样，而且在汽车中使用摄像头和记录保存装置将使得审判更加方便、便捷。”[3]但是，产品责任的适用也存在着许多困难。

1. 自动驾驶汽车缺陷证明责任的分配问题

自动驾驶汽车装载着人工智能软件和硬件，这些产品的设

---

〔1〕 John Villasenor, “Products Liability and Driverless Cars: Issues and Guiding Principles for Legislation”, *Brookings Institute*, 2014.

〔2〕 John Villasenor, “Products Liability and Driverless Cars: Issues and Guiding Principles for Legislation”, *Brookings Institute*, 2014.

〔3〕 Andrew P. Garza, “‘Look Ma, No Hands!’: Wrinkles and Wrecks in the Age of Autonomous Vehicles”, *New England Law Review*, 46 (2012).

计专业性非常高且十分复杂。“人工智能自身具有算法黑箱、自主学习能力等特征”。[1]欧盟在《机器人技术民事法律规则》中认为：“新一代机器人具备适应和学习能力，将使它们的行动必然存在一定程度的不可预测性，目前的法律框架无法充分涵盖它们所造成的损害，这些机器人可以自主地从他们的个体特殊的经历中学习并且以一种唯一且不可预见的方式与他们的环境进行交互。”[2]这使得人工智能的运作具有不透明性，很难对其中的缺陷进行确定与证明。前述仅为人工智能产品的复杂性，装载着人工智能的汽车复杂性更高。汽车为了实现自动驾驶功能，需要安装传感器、“黑匣子”等配套产品。因为汽车的使用环境是开放的，行驶过程中会遇到许多复杂情况，判断其是否具有产品缺陷、有没有及时作出风险最小的决策具有难度。

2. 自动驾驶汽车缺陷认定标准问题

基于自动驾驶汽车的特殊性，现行的针对传统汽车制定的国家标准与行业标准均无法适用，相关标准亟待更新。此外，传统理论上的设计缺陷、制造缺陷与警示缺陷无法有效涵盖自动驾驶汽车可能出现的缺陷问题，应当予以扩充。“对自动驾驶汽车的严格责任不仅适用于其硬件缺陷，也必须适用于其软件或算法缺陷，从而鼓励负责任的生产和销售行为……法律制度的设计不能受行业利益的绑架和蛊惑，产品责任制度设计的出发点和最终目标是通过对生产者施加严格责任而促使其提高产

---

〔1〕 郑志峰：《自动驾驶汽车产品缺陷的认定困境与因应》，载《浙江社会科学》2022 年第 12 期。

〔2〕 Civil Law Rules on Robotics－European Parliament Resolution of 16 February 2017 with Recommendations to the Commission on Civil Law Rules on Robotics [2015/2103 (INL)], European Parliament, 2017, paragraph AI.

品质量、保证消费者人身财产安全。”〔1〕因此，可以将以下缺陷制度化加以规范：一是动态性能缺陷。自动驾驶汽车在实际运行过程中，如果系统性能不稳定，或在特定条件下的性能下降导致无法安全行驶，例如在恶劣天气或特殊道路环境中，自动驾驶系统未能表现出与其宣称的功能和安全水平相符的性能，也可以视为产品缺陷；二是产品用于其预定用途或可合理预见的使用状态下，未能满足基本的安全需求。对于自动驾驶汽车，这意味着在设计和制造时应考虑到各种可能的行车环境和交通情景，如果在这些情况下车辆不能保障行车安全，则存在产品缺陷。自动驾驶汽车涵盖了一系列软件、系统集成、数据处理、伦理决策等方面的深层次问题，这些都是在法律规范中需要仔细界定和加以监管的关键点。

综上所述，科技创新持续塑造着人类社会的面貌，这一点历史已反复印证，而对于自动驾驶技术，法律从业者们也应当高瞻远瞩、防患于未然。在自动驾驶汽车大规模普及之前，必须预先针对其可能带来的法律挑战制定相应的责任制度框架，确保不会因为法律更新滞后而陷入无法可依的局面。同时，建构一个完备无瑕的自动驾驶汽车侵权责任制度并非一日之功，需要在不同的权益诉求之间审慎权衡和适时调整，通过渐进式的改革与实践，力求找寻到最大限度平衡各方利益的理想解决方案。

自动驾驶汽车侵权归责的学说可被归纳为“一般论”与“例外论”。持“一般论”者基于法律的稳定性等原因，主张参照适用现有的侵权责任归责理论，如雇主替代责任、动物侵权责任、公共承运人责任、核事故侵权规则、疫苗事故侵权规则、

〔1〕 王乐兵：《自动驾驶汽车的缺陷及其产品责任》，载《清华法学》2020 年第 2 期。

产品责任规则、交通事故侵权责任规则等。持“例外论”者从自动驾驶汽车的特殊性角度出发，提出为之构建特殊侵权责任规则，如依照汽车所处模式确认责任主体，适用过错归责原则；赋予自动驾驶汽车法律主体地位；构建制造商企业责任制度；引入生产者强制保险制度由汽车制造者承担产品缺陷责任；对汽车进行分级适用比例责任；汽车保有人承担无过错责任；综合适用保有人责任、驾驶人过错推定责任和生产者责任三种责任规则等。

自动驾驶汽车侵权可能涉及的驾驶人、制造商两个责任主体，应明确其责任承担规则。驾驶人适用过错推定责任，如果驾驶人违反驾驶自动驾驶汽车所负有的义务的，其过错就可被推定，除非其能够举证证明已尽到合理注意义务，或者基于当时的具体情况不能期待其尽到注意义务。制造商承担产品责任，但是该规则的适用也有两个亟须解决的问题，即自动驾驶汽车缺陷证明责任的分配与自动驾驶汽车缺陷的认定标准。

第四章

自动驾驶汽车对传统车辆保险的冲击

虽然现阶段自动驾驶技术发展迅猛，但其达到 L4（高度自动驾驶）级别甚至 L5（完全自动驾驶）级别尚需时日。因而在今后可预见阶段内，L3（有条件的自动驾驶）级别仍应当是自动驾驶汽车发展应用的主要场景。与此同时，车辆保险责任的风险归因对象也从驾驶员转向了车内外的实体。欧洲议会的调查数据表明：95%的交通事故是由人为失误或不当驾驶行为造成的，具体原因包括鲁莽、分心、酒驾、疲劳、压力等。〔1〕与传统汽车相比，自动驾驶汽车在行驶过程中因运用各种级别的自动驾驶技术不同程度地代替传统的人类驾驶员，使得由人为原因造成的道路交通安全事故比率大幅降低。由此，车辆发生事故的主因发生了变化，传统车辆保险所承保的 94%的风险不复存在。〔2〕显然，汽车保险需要被重新定义，传统车险也将演变为“新车险”。习近平总书记指出：“要加强人工智能发展的

〔1〕“European Parliament. Road Fatality Statistics in the EU（infographic）”，https：//www. europarl. europa. eu/news/en/headlines/society/20190410STO36 615/road-fatality-statistics-in-the-eu-infographic，2024-4-16.

〔2〕中央财经大学保险学院大学生“双创”团队：《自动驾驶汽车保险的国际经验》，载《中国保险》2023 年第 2 期。

潜在风险研判和防范，维护人民利益和国家安全，确保人工智能安全、可靠、可控。”在我国全面推进交通战略的时代背景下，厘清自动驾驶的多重风险样态，系统地探析自动驾驶汽车对传统车辆保险的影响，对于未来构建智慧交通系统、更好地发挥保险的社会救济功能具有极为重要的理论价值和实践意义。

一、自动驾驶汽车的风险特质

随着科学技术的迅猛发展，人类的生活发生了翻天覆地的变化，我们寄希望于通过人工智能技术来改善生活，降低以往风险发生的可能性，但相伴而来的是人工智能技术所存在的许多不确定、难预测的未知风险。诸如法国 Nablachatbot 聊天机器人建议自杀、Uber 自动驾驶汽车失控等事件，都提醒着我们隐藏于人工智能技术背后的各种新风险不容小觑。“危险的存在”作为保险的重要构成要素之一，对于一种保险的存在和变化而言极为重要，而自动驾驶汽车的出现显然会对目前机动车交通事故的风险来源产生一定程度的改变。

（一）风险的多样性和复合性

自动驾驶汽车是通过搭载先进传感器等装置，将智能算法嵌入驾驶系统；赋予车辆自主性，实现人、车、路、云交互的新一代汽车。据统计：一辆自动驾驶汽车包含多达 60 个电子控制单元（EUC）、[1]一系列外部有线无线接口以及大约 1 亿行运行代码，[2]每 1000 行代码中存在 520 个错误。[3]众多电子元件

〔1〕 董新新：《网联自动驾驶汽车（CAVs）网络安全风险及法律问题研究——以英国、美国最佳实践为视角》，载《太原学院学报（社会科学版）》2019 年第 1 期。

〔2〕 Zeinab El-Rewini et al.，“Cybersecurity Challenges in Venicular Communications”，*Venicular Communictions*，23（2020）.

〔3〕 M. C. Libicki，L. Ablon and T. Webb，*The Defenders Dilemma*：*Charting a Course toward Cybersecurity*，Rand Corporation，2015，p. 153.

和软件系统的集成使得自动驾驶汽车本身就蕴含着诸多方面的潜在风险。

1. 技术风险

自动驾驶技术的稳定性和可靠性至关重要。我国乃至全世界的自动驾驶汽车技术都是大约十几年内兴起的，目前我们仍然在发展的道路上，技术领域有许多无法确定最佳解决方案的情况，新兴科技的缺点以及可能引发的事故风险是无法避免的。其中，首要的风险就是由研发阶段引起的技术风险，即汽车开发过程中可能会面临失败。此外，新兴科技在试验或尚未完善的阶段可能会导致安全问题，这对消费者和社会的安全构成了威胁。安全的自动驾驶离不开感知、决策、控制三个系统的“保驾护航”，而受制于当前技术的发展，在美国亚利桑那州坦佩市优步（Uber）自动驾驶汽车撞人致死案件中，为了减少误报的可能性，优步公司将自动驾驶系统设定为在判断碰撞即将发生时进一步识别而非启动紧急停车，进而导致了惨剧的发生。[1]技术风险的处置是各国政府的两难困境：一方面，鉴于自动驾驶汽车对国家科技战略的重要性不得不鼓励，但严格的法律规范将挫伤汽车厂家和研发机构的积极性；另一方面，如果将技术风险任由生产商转移到消费者身上，又将抑制消费，侵害消费者利益。因此，美国加利福尼亚州采用了保证金和保险金结合的制度对此类风险进行转移，即规定申请自动驾驶汽车测试的制造商必须根据测试汽车的数量向州政府缴纳 100 万美元~300 万美元的保证金。同时，制造商应该向保险公司投保，以应对测

〔1〕 Christopher B. Emch, “Why the Birth of Autonomous Driving Is the Death of Our ‘Right’ to Drive”, *Pace Law Review*, 40 (2020).

试过程中对受侵害方损失的赔偿。[1]

2. 道路交通安全风险

交通出行安全作为人们在公共环境下进行日常生活最基本的价值追求，为了尽可能避免由人为原因导致的交通安全事故，自动驾驶汽车逐渐受到了汽车研发企业和车辆使用者的青睐。但应认识到，即便是达到最高自动驾驶级别的全场景下的无人驾驶汽车也绝非完全安全。自动驾驶技术的核心是自动驾驶汽车内嵌的传感器能够快速而准确地对周围环境进行高质量的感知，随后根据感知的结果创建视图，再将此数据传输给控制算法，最后汽车据此完成运行决策。[2]然而，在这个过程中，汽车处于一个十分复杂且难以预测的周围环境中，该环境中存在着诸多有可能影响传感器正常运转的干扰因素，如距离、角度、天气、环境、其他车辆等。当然，设计者们并未忽视道路环境的复杂程度，自动驾驶汽车的传感器和雷达在研发之初就已经考虑到了抑制干扰功能的实现。例如，超声波传感器和雷达在面对道路环境中的超声波和毫米波无线电噪声源的干扰时可以轻松实现对此类噪声的抑制。[3]但是，若干扰源的产生是别有用心之人的恶意所为，由此引发的自动驾驶汽车的安全问题是难以预防和抑制的。而且，这类恶意干扰行为能否被自动驾驶技术本身所排除并解决呢？相关研究表明：对于大多数攻击来说，即便是车辆研发者也只能从车辆显示器观察结果，无法从传感器运行

---

〔1〕 陈晓林：《无人驾驶汽车对现行法律的挑战及应对》，载《理论学刊》2016 第 1 期。

〔2〕 D. Riordan et al.，"Sensor Technology in Autonomous Vehicles：A Review"，29th *Irish Signals and Systems Conference*（*ISSC*），1～4（2018）.

〔3〕 Chen Yan，Wenyuan Xu，Jianhao Liu，"Can You Trust Autonomous Vehicles：Contactless Attacks Against Sensors of Self-driving Vehicle"，*Def Con*，109（2016）.

的本身去发现问题，由此导致风险的来源无法确定。[1]除了道路环境中的各类干扰源对自动驾驶汽车产生的风险以外，公共基础设施风险也是道路交通安全风险的另一种表现形式，即影响汽车导航系统的卫星故障或停机、公路上的传感设备故障等导致的风险。

3. 数据安全风险

一台自动驾驶汽车装配了摄像头、激光雷达、超声波雷达等传感器，这些若干种类的传感器分别承担着不同的职责，以便全方位、多角度地捕获车辆内部和外部环境的实时数据。这种数据信息的规模之大超乎人们的想象。芯片巨头英特尔公司的相关介绍显示：一辆全自动驾驶汽车每天记录大约 4TB 的数据，留下的数据痕迹相当于 3000 多个普通人用智能手机处理日常事务而产生的数据规模。[2]而在自动驾驶汽车入世之前，完全由人工驾驶的私家车被视为个人空间的一部分，在车里驾驶员和乘客可以合理地预期自己不被外界观察、研究、监控或打扰。因此，传统私家车也被喻为“移动的角落”。从这个层面来说，由人类驾驶员操纵的传统汽车更能够保护个人信息隐私的安全。而自动驾驶汽车在收集车辆运行所必需的数据时，不可避免地会捕获到大量关于车辆、驾驶员和乘客的私人信息。例如，从摄像机数据中挖掘出的侧通道信息，若加以分析便可得知车辆的位置甚至轨迹。[3]这些规模如此之大的与个人隐私相

---

〔1〕 Chen Yan, Wenyuan Xu, Jianhao Liu, “Can You Trust Autonomous Vehicles: Contactless Attacks Against Sensors of Self-driving Vehicle”, *Def Con*, 109 (2016).

〔2〕 B. Krzanich, “Data is the New Oil in the Future of Automated Driving”, https://www.telecomtv.com/content/industry-announcements/data-is-the-new-oil-in-the-future-of-automated-driving, 2024-4-16.

〔3〕 Zuobin Xiong et al., “Privacy-preserving Auto-driving: a GAN-based Approach to Protect Vehicular Camera Data”, *International Conference on Data Mining* (ICDM), IEEE, 2019.

关的信息一旦被采集、储存，在智能系统设计存在漏洞或者监管不力的情况下，不当使用、黑客攻击下的泄露等数据安全风险就会随之而来。相关报道显示：在2019—2022年，特斯拉公司员工通过内部信息系统，私下分享汽车摄像头记录下来的视频和图像，包括高度私密的内容，如一位男子全身赤裸地接近一辆汽车的画面、人们的私人车库和个人物品图片、车祸和“路怒”事件的现场视频。[1]可见，自动驾驶汽车的普及将不可避免地带来个人信息与数据安全的新风险。

4. 网络安全风险

网络安全风险是指因黑客入侵或试图入侵操作系统而造成的车辆系统和软件的损失或损坏，或因其他网络安全导致的风险。白帽子黑客基于维护汽车网络安全的初心，通过入侵自动驾驶汽车的自驾系统，可以操控车内的各种智能设备，进而控制驾驶行为，这使得生产者发现了存在于车系统中的漏洞。2015年黑客们曾远程入侵并攻击了2014款的Jeep吉普切诺基汽车，破坏了该款车的部分功能，造成车内空调、雨刷器等功能失灵、刹车系统瘫痪。[2]2016年，腾讯科恩实验室以“远程无物理接触”的方式成功入侵了特斯拉汽车，实现了对特斯拉驻车状态和行驶状态下的远程控制。[3]有数据表明，目前智能网联汽车遭受的远程攻击数量远远超过物理攻击数量，占比达到

---

〔1〕 S. Stecklow , W. Cunningham and H. Jin, “Special Report: Tesla Workers Shared Sensitive Images Recorded by Customer Cars”, https://www.reuters.com/technology/tesla-workers-shared-sensitive-images-recorded-by-customer-cars-2023-04-06, 2024-4-16。

〔2〕《黑客入侵CAN总线控制Jeep汽车方向盘和刹车》，载http://news.haiwainet.cn/n/2016/0919/c3541086-30335375，html，访问时间：2024年4月16日。

〔3〕 朱溯蓉：《论风险预防原则在自动驾驶汽车风险上的适用》，载《数字法治评论》2022年第2期。

80%以上。[1]这不仅给汽车使用者造成了人身危险，也给交通驾驶增添了更多不安全因素。除了黑客攻击以外，智能道路基础设施故障也是网络安全风险之一。自动驾驶汽车的智能道路基础设施是汽车和交通信息、汽车使用者等全方位的物联网技术，但该技术的运用不排除在极端天气或者糟糕路况情况下自动驾驶汽车无法对相关信息进行准确收集和分析，从而增加道路驾驶危险系数的可能性，这种风险也是前所未有的。在网络安全层面，自动驾驶面临的安全挑战更为严峻。传统汽车主要由孤立的硬件系统支撑，而自动驾驶汽车的正常运行则需要与其他设备交换数据，交换对象包括其他汽车、智能手机和终端控制系统等。驾驶员的行为偏好等相关数据也会被车辆内嵌的机器学习算法技术检索、存储和分析。[2]在自动驾驶汽车运行过程中，一旦出现技术漏洞或安全防范措施缺位，就容易诱发网络安全风险。

5. 道德伦理风险

一直以来，社会大众对技术的认知普遍停留在客观中立的层面，认为技术无法成为伦理规范的对象。自动驾驶汽车之所以备受推崇，是因为其具有的工具价值能够提升人们出行的体验，在一定程度上促进安全、效率、公平等社会价值。同时，自动驾驶技术能够长足发展的关键也在于这些价值相互之间可以进行动态平衡。从这个角度看，自动驾驶技术确实是有利的。[3]但是，技术人工物（Technical Artifact）并非完全意义上的“价值

[1] 董静怡：《汽车快速迈入网联时代 数字安全难题待考》，载《21 世纪经济报道》2023 年 5 月 12 日。

[2] 谭九生、胡健雄：《自动驾驶的安全风险及其治理》，载《学术交流》2023 年第 8 期。

[3] 李伟、华梦莲：《论自动驾驶汽车伦理难题与道德原则自我选择》，载《科学学研究》2020 年第 4 期。

中立”，而是具有很强的政治、伦理意蕴的。作为技术人工物的一种，自动驾驶技术也有着一定的伦理价值倾向，甚至可能存在暗中贬低或消解某些特定的价值观的问题。有学者对此进行了研究，通过实验统计被实验者在面对无人驾驶遇到的伦理道德困境时所选择应对方案的侧重点，进而总结出各国被实验者的选择倾向以及文化、国别的不同导致的选择倾向的差异。[1]又如，有研究发现，种族偏见也可被嵌入自动驾驶技术，在发生事故时自动驾驶汽车会倾向于撞击黑人，这无疑会进一步加剧社会分裂、极大地影响社会稳定。[2]因此，自动驾驶汽车在运行过程中一旦遇到紧急情况和意外因素应当如何决策和选择伤害对象成了伦理学上的难题。

除了上述风险之外，自动驾驶汽车相关技术人员的职业责任风险也属于新产生的风险。如在严格归责原则视角下，因工程师职责疏忽所致的技术瑕疵亦会增加工程师自身的职业风险系数。同时，由于自动驾驶汽车相比于传统汽车价值更高，针对本身价值以及零部件替换的风险价值也进一步提高。[3]需要注意的是，上述风险之间并没有清晰的界限，容易呈现出相互叠加和迁移的状态，形成高度复合的风险样态。[4]

（二）风险的难以预测性和不可控性

在没有人员干预的情况下，自动驾驶汽车通过车辆的自有系统感知周围环境进而作出智能决策，实现车辆自动完成驾驶

---

〔1〕 E. Awad et al. , “The Moral Machine Experiment”, *Nature*, 563（2018）.

〔2〕 C. Macrae, “Learning from the Failure of Autonomous and Intelligent Systems: Accidents, Safety, and Sociotechnical Sources of Risk”, *Risk Analysis*, 42（9）2021.

〔3〕 中央财经大学保险学院大学生“双创”团队：《自动驾驶汽车保险的国际经验》，载《中国保险》2023年第2期。

〔4〕 朱溯蓉：《论风险预防原则在自动驾驶汽车风险上的适用》，载《数字法治评论》2022年第2期。

行为的任务。从技术上讲，自动驾驶汽车是将智能算法嵌入驾驶系统，在计算机视觉、激光雷达以及高精度地图的紧密衔接下，让机动车辆自己安全地操作行驶。[1]自动驾驶技术采用的智能算法是典型的“学习型”算法，即采集、挖掘大量数据进而发现行为规则，最终实现自我学习，完成自主决策。当前自动驾驶汽车的最新算法已经简化至 19 个控制神经元的单一算法，并尝试学习将高维度的内容输入映射到驾驶指令之中。[2]因此，让机器最大限度地去学习并完成决策成了自动驾驶技术的程序研发者一直努力的方向。[3]然而，现实道路环境的复杂程度远远超出了研发人员提前所能设想到的场景，实际中往往存在着一些超出训练样本的情景。一旦自动驾驶汽车在真实道路环境中运行时遇到这类情景，那么既定的程序运行机制将无法顺利发挥作用，因此车辆的运行结果也会无法确定。正是因为在某些意外情况下自动驾驶技术算法的运行过程和结果表现出了不可预测的特征，所以自动驾驶汽车的应用所存在的风险同样很难被技术人员限制在可以控制的范围内。概言之，尽管我们可以预想到自动驾驶汽车的运行过程中可能会存在多种多样的复合性风险，但是我们却无法计算出这些风险发生的原因、概率、地点和时间，以及规模的大小。

（三）风险的社会性

社会的公共安全是人民安居乐业的前提条件，具体是指社会有条不紊地运行、不发生极端事件。随着自动驾驶汽车向全社会的推广、应用和普及，交通安全事故、汽车逃逸、飞车追

〔1〕 韦康博：《人工智能》，现代出版社 2016 年版，第 223 页。

〔2〕 Mathias Lechner et al.，“Neural Circuit Policies Enabling Auditable Autonomy”，*Nature Machine Intelligence*，10（2020）.

〔3〕 Andrew Tutt，“An FDA for Algorithms ”，*Administrative Law Review*，69（2017）.

逐和盗车劫车等与车辆有关的违法犯罪现象将得到显著抑制。然而，由于其网联化、高效率、规模化的特性，自动驾驶汽车本身也可能会对社会造成威胁，进而引发公共安全风险。与区块链、深度伪造和生成式人工智能等新兴技术仅局限于虚拟网络空间这一单一的作用场域不同，自动驾驶技术是人工智能在交通运输场景中的具体应用，完成了从虚拟网络空间到物理空间的延伸。因此，自动驾驶汽车可能产生的社会公共安全风险具有一定的独特性，现实世界中的人、车、物都成了自动驾驶汽车潜在风险的影响对象。

1. 失控风险

自动驾驶汽车在使用过程中，其自身不可避免地会出现失控的情况，尽管失控不一定必然导致事故的发生，但是这显然给复杂的交通运输环境带来了风险。谷歌研究报道：自动驾驶汽车大约每3000英里发生一次失控，人类事故发生率大概50万英里发生一次车祸。[1]自动驾驶汽车会根据交通运输道路而提前作出预期的行动方案，但受制于交通环境的现实复杂性，这些行动方案可能并不能被实际执行或按原预期执行，这将对周边车辆的正常运行施加干扰。例如，自适应巡航控制系统会根据与前面汽车的间距来进行加速和减速。正如萨迪格（Sadigh）所言："自动驾驶汽车的行为实际上会对其他司机的行为产生影响。"[2]

2. 算法风险

外部交通基础设施一旦遭到人为蓄意破坏，自动驾驶汽车的智能算法会因此受到迷惑或扭曲。自动驾驶的实现离不开完

---

〔1〕 朱溯蓉：《论风险预防原则在自动驾驶汽车风险上的适用》，载《数字法治评论》2022年第2期。

〔2〕 Dorsa Sadigh et al.，"Planning for Autonomous CarsthatL Everages Effects on Human Actions"，*In Proceedings of the Robotics：Science and Systems Conference*（*RSS*），2016.

善的交通基础设施，如交通信号、道路标线、指示标志等。一旦这些基础设施遭到人为破坏或恶意篡改，自动驾驶汽车的智能系统将会得到无效或者存在偏差的感知数据信息，由此作出的行驶决策也必然是不符合交通规则实际要求的。这不仅会误导汽车本身的正常运行，也会使整个交通系统陷入紊乱甚至崩溃的风险之中。迈克菲（McAfee）公司的技术人员做过一项实验，在“35 英里/小时”路标上数字“3”的左边贴一条黑胶带，就能骗过特斯拉汽车，使其误以为限速是 85 英里/小时而突然加速。〔1〕

3. 黑客风险

黑客通过网络非法入侵自动驾驶汽车内嵌的智能算法系统，远程控制和操纵车辆，将会使得所有搭载该系统的自动驾驶车辆、车内乘客、车外行人，甚至整个公共道路交通被置于不可控制的巨大风险之中。通过修改核心代码，破坏车辆传感系统，操纵自动驾驶汽车，不法分子可以实现各种犯罪目的。例如，远程控制车辆行驶方向而使其坠毁，或者引导车辆驶至偏僻之地以恐吓或绑架司乘人员。甚至连自动驾驶汽车也可沦为极端分子实施恐怖袭击的工具，这将严重威胁人民群众的生命财产安全，对社会公共秩序造成毁灭性影响。

二、自动驾驶汽车对传统车险的冲击

自动驾驶汽车以其出色的智能化设计解放了驾驶员的驾驶过程，与此同时，其所带来的重大革新也会对原有的法律和制度造成一定程度的冲击。汽车保险作为现在解决机动车事故赔

〔1〕 Kate Gibson, “Tesla Tricked into Speeding by Researchers Using Electrical Tape”, https：//www. cbsnews. com/news/tesla-tricked-into-speeding-by-researchers-using-electrical-tape, 2024-4-16.

偿问题的压舱石，毫不意外地首当其冲。驾驶自动化系统对于传统驾驶人员的边缘化，很有可能导致自动驾驶汽车无法与传统车辆保险完全契合。

（一）自动驾驶汽车不是车辆保险制度的终结者

虽然就目前而言，自动驾驶技术仍然处于早期发展阶段，在其投入市场的短时间内不会产生我国总体交通事故率降低的积极影响。相反还会由于其风险的未知性而急需汽车责任保险的保护从而导致一段时间内保险费率和保险理赔额提高的消极影响。但是长远来看，自动驾驶技术的普及一定会产生交通事故率降低的结果发生。美国国家公路交通安全管理局研究表明，当前94%的车祸事故都是由驾驶员失误或者过错所造成的。〔1〕到2040年，每辆汽车的车祸发生概率将降低80%，即每辆车发生车祸的事故仅为0.9%。当前普通汽车发生每次事故的行程约为28万英里，而未来自动驾驶汽车发生每次事故的行驶里程将增加到160万英里。〔2〕自动驾驶汽车相较于传统机动车而言具有更强的安全性，势必会导致机动车保险行业的动荡，即原本有关交通事故的商业险种，其市场占比或份额很可能会迎来一定程度的缩小。同时，汽车保险业界对自动驾驶汽车保险市场的发展似乎也并不持有乐观的态度。毕马威事务所报告的相关数据显示：美国保险行业将在25年内缩水60%，这正是由自动驾驶汽车比传统汽车在某种程度上更为安全而造成的。〔3〕除此之外，著名的保险公司辛辛那提金融（Cincinnati Financial）也在报告中指出："自

〔1〕 B. Anderson, "NHTSA V2V NPRM Update ", https://www.lts.dot.gov/pilots/pdf/ITSA2016_ v2vN R PM_ Anderson.pdf , 2024-4-16.

〔2〕 KMPG, "Automobile Insurance Inthe Era of Autonomous Vehicles", https://assets.kpmg/content/dam/kpmg/pdf/2016/06/id-market-place-of-change-automobile-insurance-in-the-era-of-autonomous-vehicles.pdf, 2024-4-16.

〔3〕 郑志峰：《论自动驾驶汽车的责任保险》，载《荆楚法学》2022年第5期。

动驾驶汽车等新兴技术的应用，可能将会大大降低消费者购买机动车保险产品的积极性。”〔1〕

尽管如此，自动驾驶汽车并不会终结汽车保险市场的发展，反而由于自动驾驶汽车的诸多风险特质使得其更需要保险制度的保驾护航。

1. 自动驾驶汽车不等于零交通事故

已研发出的自动驾驶汽车未在社会全面普及，高度甚至完全的自动驾驶汽车的研发还尚需时日，离真正的零交通事故的愿景还有很长的一段路要走。从汽车的发展史来看，一项新安全技术的采用和普及需要相当漫长的时间。有数据表明：即便是政府强制要求汽车安装一项新技术，也需要 30 年的时间才能普及到95%以上的车辆。〔2〕例如，自适应巡航控制、并线辅助系统等都是早已成熟的汽车安全技术，但目前市场上只有少部分汽车配备了上述技术。因此，在自动驾驶汽车被投入社会使用后，仍需借助保险来分散风险。况且，当前的自动驾驶技术仍处于发展的初期阶段而非普及的成熟阶段，谈及零交通事故还言之尚早。

2. 自动驾驶带来了新的风险类型

自动驾驶汽车在降低交通事故发生率的同时，也存在着各种不同于传统汽车的新安全风险类型。前已述及，不同于普通机动车完全由人工操纵汽车，自动驾驶汽车以其独特的自动驾驶系统可实现不同程度的自主驾驶，由此随之而来的风险呈现出多样性、复合性、难以预测性、不可控性以及社会性的特征。个体能力在应对自动驾驶汽车的新风险时存在局限性，因此作为非常好

---

〔1〕 Willie D. Jones, “Will Self-Driving Cars Crash the Insurance Industry?”, IEEE, https://spectrum.ieee.org/who-might-not-be-looking-forward-to-selfdriving-cars, 2024-4-16.

〔2〕 郑志峰：《论自动驾驶汽车的责任保险》，载《荆楚法学》2022 年第 5 期。

的风险分散工具的保险，可以大大降低风险主体的压力。

3. 自动驾驶汽车发生事故的概率客观存在

即便自动驾驶汽车的算法程序再无懈可击，所配备的硬件和软件设施没有任何缺陷，也不可能将交通事故的发生率降为零。任何交通工具在真实且复杂的交通运输环境中运行，都有发生事故的可能性。基于此，认为自动驾驶汽车应用后汽车保险市场将会消亡这一说法就显得过分不切实际了。实际上，许多保险公司正抓紧在自动驾驶汽车保险领域开拓市场。2016 年 6 月，英国 Adrian flux 公司就率先推出了针对自动驾驶汽车的保险业务，成了全球保险行业针对自动驾驶汽车的首次尝试。[1] 2017 年 4 月起，日本东京海上日动火灾保险公司开发了针对自动驾驶汽车的保险产品，将自动驾驶期间发生的交通事故纳入了汽车保险的赔付范围，成了日本第一家为自动驾驶汽车承保的保险公司。

（二）现行车辆保险制度面临的挑战

即便自动驾驶汽车的到来不会终结车辆保险行业，但是新事物的横空出世必然会使现行车辆保险体系面临不小的挑战。现行车辆保险制度是以传统侵权责任为基础而建立的，承保对象为传统机动车，以人类作为传统机动车的唯一驾驶员，人类驾驶员的过错与因果关系既是判定交通事故责任构成，划定责任归属的主、客观依据，同时也是评估风险、厘定保险费率，以及判定保险责任承担与否的基础。我国现行车辆保险体系主要由强制性保险（交强险）和自愿性保险（商业险）构成。交强险，全称为机动车交通事故责任强制保险，是指由保险公司对被保险机动车发生道路交通事故造成本车人员、被保险人以

---

〔1〕 柴占祥、聂天心、［德］Jan Becker 编著：《自动驾驶改变未来》，机械工业出版社 2017 年版，第 122~149 页。

外的受害人的人身伤亡、财产损失，在责任限额内予以赔偿的强制性责任保险。交强险作为一种强制性和公益政策性的责任保险，是基于社会公众利益的保护而非以营利为目的所设置的，仅提供基础保障。此外，我国鼓励车主投保机动车商业险。根据《中国保险行业协会机动车商业保险示范条款（2020 版）》可知，机动车商业险包括基本险和附加险两种类型，基本险包括机动车损失险、商业第三者责任险、车上人员责任险共三个独立的险种，附加险包括附加绝对免赔率特约条款、附加车轮单独损失险、附加新增加设备损失险、附加车身划痕损失险、附加修理期间费用补偿险等 11 种。无论是交强险还是商业险，都是以传统汽车、人类驾驶人、驾驶过错、传统机动车交通事故责任为中心展开的。但是，自动驾驶汽车发生的交通事故造成的损害与风险无法通过现有的车辆保险制度予以救济、分散和转移，从而对现行机动车保险体系构成全方位的冲击与影响。

1. 保险法律关系中“驾驶人”范围的扩张

自动驾驶系统扩张了传统机动车保险中“驾驶人”的范围与内涵，从而难以界定“被保险人”的范畴。在现行的机动车保险体系中，无论是机动车交通事故责任强制保险还是各商业保险公司的商业三者险，都是以机动车交通安全事故作为保险的触发点。对于传统汽车来说，影响机动车交通安全事故发生的主要原因是“驾驶员”的驾驶行为。这里的“驾驶员”根据《道路交通安全法》《机动车交通事故责任强制保险条例》（以下简称《交强险条例》）以及各保险公司的商业三者险中的相关规定都采用了“驾驶人”的文字进行表述，也就是通俗意义上的“司机”。驾驶人的驾驶行为不仅关乎其自身的安全，更关乎道路交通安全，以及社会公众的利益。因此，《道路交通安全法》对驾驶人设置了严格的资格要求，并且规定了一系列的操作规范和行为准则用以规制驾驶人的驾驶行为。同时，现行机动车责任保险中对保险人责任风险与责任免除的判定也以这些资格要求、操作规范和行为准则为法律依据和来源。[1]在人物二分的民法领域内，一般将具有鲜明工具属性的人造机器——机动车——归入物的范畴，由人类进行控制操纵。自动驾驶汽车的物的属性并未发生改变，但是驾驶人的范围发生了扩张，从只能由人类司机作为车辆的运行控制主体，发展为自动驾驶系统也可以拥有汽车的驾驶权而成为“驾驶员”，即自动驾驶汽车的自主性意味着人类驾驶人将逐渐向自动驾驶系统移交汽车的驾驶权，[2]现行法律下的驾驶人含义在逐渐消弭。相较于低等级的只能作为辅助驾驶工具的自动驾驶系统，较高等级的自动驾驶汽车的自主性更强，对车辆的驾驶权更大。例如，达到L5级别的自动驾驶汽车可实现自动驾驶系统完全取代人类驾驶员成为独立的车辆运行控制主体。而根据《交强险条例》第21条以及各保险公司商业三者险的相关条款，[3]驾驶人不仅是汽车运行的实际支配者，也是交强险的被保险人。在自动驾驶系统也能成为车辆“驾驶人”的情况下，如何界定被保险人以及依据何种标准界定是一个有待研究的问题。按照《保险法》的

[1] 王春梅：《人机协同视域下中国自动驾驶汽车责任保险立法构设》，载《上海师范大学学报（哲学社会科学版）》2022年第3期。

[2] 冯珏：《自动驾驶汽车致损的民事侵权责任》，载《中国法学》2018年第6期。

[3]《交强险条例》第21条规定：“被保险机动车发生道路交通事故造成本车人员、被保险人以外的受害人人身伤亡、财产损失的，由保险公司依法在机动车交通事故责任强制保险责任限额范围内予以赔偿。道路交通事故的损失是由受害人故意造成的，保险公司不予赔偿。”各保险公司的商业三者险条款，如中国人保《机动车辆第三者责任保险条款》第4条规定：“保险期间内，被保险人或其允许的合法驾驶人在使用被保险机动车过程中发生意外事故，致使第三者遭受人身伤亡或财产直接损毁，依法应当由被保险人承担的损害赔偿责任，保险人依照本保险合同的约定，对于超过机动车交通事故责任强制保险各分项赔偿限额以上的部分负责赔偿。”

相关规定，被保险人既可以是自然人，也可以是法人。而作为“技术人工物”的自动驾驶系统显然不能归属为自然人，有学者认为应当根据法人的概念，将自动驾驶系统在法律上拟制为“电子人”，赋予其法律人格，从而能够将自动驾驶系统置于被保险人的范围内。[1]由此，司机的角色变化不仅改变和扩大了“驾驶人”的内涵与范围，还将引发对“被保险人”法律概念和法律属性界定的混乱，继而引发保险责任主体、风险对象等的扩张与改变。

2. 保险法律关系中责任主体范围的扩张

自动驾驶汽车改变了机动车责任保险认定保险人保险责任的基础，扩张了机动车交通安全事故的责任主体的范围。机动车责任保险制度是以被保险人在交通事故中应当承担的侵权责任作为保险人承担赔偿责任的基础和依据的，而交强险因其立法目的的特殊性，保险人的赔偿责任与被保险人的侵权责任在一定程度上显现出了某种分离。[2]对于传统机动车来说，尽管根据《民法典》和《道路交通安全法》有关交通事故侵权责任应当适用的归责原则的规定，可以将保险人承担保险责任之基础和依据的侵权责任区分为过错责任和无过错责任，但是这实质上都属于由“人”的驾驶行为所造成的侵权责任。然而，随着自动驾驶汽车的到来，如何认定交通事故责任的归属成了自动驾驶汽车保险的难点问题。在前文有关自动驾驶车辆的发展过程中，当前在驾驶人参与下（L0～L3）的车辆行驶过程中，人类驾驶员无疑要承担很大的责任。所以，现有的车辆第三者

---

〔1〕 曹建峰、张嫣红：《〈英国自动与电动汽车法案〉评述：自动驾驶汽车保险和责任规则的革新》，载《信息安全与通信保密》2018 年第 10 期。

〔2〕 张龙：《自动驾驶背景下“交强险”制度的应世变革》，载《河北法学》2018 年第 10 期。

责任保险和其他由人类驾驶员投保的保险都能承担相应的风险。虽然搭载 ADAS 系统的车辆能够有效地减少交通事故的发生、提升行车安全性，但在驾驶过程中，驾驶员必须与车辆协同操作，这就使得驾驶人的驾驶责任及车辆保险的承保责任变得更大了。这就意味着，驾驶员除了要注意道路环境等实时情况外，还需要对车辆产品和辅助驾驶系统的正确使用负责。目前，自动驾驶辅助驾驶（ADAS）已在许多车辆上得到了广泛应用，但已有的汽车保险并未考虑车主或司机对保险政策的调整。当然，这种变化也有两面性：一方面，自动驾驶车辆的驾驶员在此期间要承担更多的责任，造成更大的经济损失；另一方面，新技术的应用，也会降低交通事故的发生率。难点在于当自动驾驶技术发展到 L4~L5 级，即通常情况下均由驾驶员授权汽车进行自动控制情况下的事故归责。高级的自动驾驶汽车由于已经把汽车控制方式授权给自动驾驶系统，所以在交通事故中，即使驾驶员尽到了合理的注意义务，也很难阻止交通事故的发生。在这种情况下，造成交通事故的原因并非人类驾驶员的驾驶行为，而是由作为产品的自动驾驶系统或程序本身的原因所导致的，应当归属于产品责任。因此，自动驾驶汽车交通事故的责任主体逐渐从机动车的使用人转变为了自动驾驶汽车的生产商。尽管现行的机动车保险制度体系中也存在因汽车或其零部件质量瑕疵而产生的产品责任保险，且保险人在承担保险责任后可以向应当承担责任的生产者、销售者进行追偿，但是生产者承担的赔偿责任是通过产品责任和行使追偿权间接产生的，通常不能作为机动车责任保险中保险人承担责任的基础，也不利于对交通事故受害者进行及时的救济与保护。

3. 保险法律关系中限定单一投保主体的违和性

在我国现有的汽车保险体系中，无论是交强险还是机动车商业险，传统机动车保险的投保主体皆是机动车所有人或者管理人，即所谓的车主。具体而言，机动车所有人或者管理人通常都是机动车的使用人，能够通过对其施加注意义务来控制事故风险的发生，且可以通过购买保险，从而分散机动车使用人的赔偿风险。而在自动驾驶汽车领域，由于人类驾驶员仍掌握自动驾驶汽车的一部分控制权，使得自动驾驶汽车发生交通事故造成损害可能由“人类司机”和“自动驾驶系统”所导致，实质上其风险和致损责任的来源和归属主体应当是“车辆所有人或管理人”和“生产者”。而责任风险主体与保险投保主体紧密连接，故我国自动驾驶汽车责任保险的投保主体应为“车”还是“人”的责任风险主体成了非常需要探讨的问题。我国现行机动车责任保险因主要承保“人”的风险故而投保主体为车辆所有人或管理人并无争议，但在自动驾驶汽车责任保险的责任风险归属主体引入生产者后，仍然只由车辆所有人或管理人投保是否适用于自动驾驶汽车还有待商榷。将汽车生产者也加入了自动驾驶汽车保险的投保主体，主要有以下几点考量：一是在自动驾驶系统掌握一部分车辆操纵权后，自动驾驶汽车本身的系统风险成了造成交通事故发生的主要原因，此时若再由机动车的使用人担任单一的投保主体，势必会加重机动车使用人的责任，有让消费者为生产者的过错负责的嫌疑，因此由汽车生产者投保自动驾驶汽车保险也有合理之处。二是相较于消费者而言，汽车生产者作为投保人拥有更强的资金实力，并且可以通过产品定价机制将保费内化到汽车生产的成本之中。三是当前我国自动驾驶汽车仍处于发展初期并未广泛普及应用，消费者对此还处于观望和犹豫态势。若再由消费者承担全部的投保压力，将打压其对自动驾驶汽车的购买欲望，不利于国家助力自动驾驶汽车行业发展政策的推动。在彻底实现无人驾驶的未来，用产品责任险分散自动驾驶系统完全掌控汽车运行后的风险将不可避免。因此，自动驾驶汽车的出现对传统汽车保险的单一投保模式产生了影响，有必要将自动驾驶汽车的生产者或者系统的设计者等纳入自动驾驶汽车责任保险的投保主体范围。

4. 交通事故中过错责任的认定依据缺失

自动驾驶技术的机器属性对传统机动车道路交通事故的责任性质认定产生了冲击，使得以过错认定为重心的车险理赔标准难以适用。根据《交强险条例》第 23 条的规定可知，机动车交通事故责任强制保险中机动车一方出现交通事故的责任类型存在有责和无责两种。[1]《民法典》第 1213 条进一步明确了机动车发生交通事故造成损害，属于该机动车一方责任的，先后适用交强险与机动车商业险。[2]上述法律规定都表明我国现行的机动车保险制度体系都归属于有责赔偿的范畴，即传统汽车保险的保险责任与被保险人的侵权责任紧密联系，没有侵权责任就没有保险责任。那么如何认定机动车一方是否对交通事故负有责任，根据《道路交通安全法》第 76 条的规定可知，这一关键在于机动车一方是否存在过错。如果机动车一方有过错责任，那么现行的交强险和机动车商业险均可以完全适用。反之，交强险只能在无责赔偿限额内适用，机动车商业险的赔偿效果也将大打折扣。因此，由于在交强险和机动车商业保险的赔偿限额中有责赔偿远不及无责赔偿，故而保险人在承担机动车保险赔偿责任时，首先会对发生交通事故的机动车一方有无过错

〔1〕《交强险条例》第 23 条规定："机动车交通事故责任强制保险在全国范围内实行统一的责任限额。责任限额分为死亡伤残赔偿限额、医疗费用赔偿限额、财产损失赔偿限额以及被保险人在道路交通事故中无责任的赔偿限额。机动车交通事故责任强制保险责任限额由国务院保险监督管理机构会同国务院公安部门、国务院卫生主管部门、国务院农业主管部门规定。"

〔2〕程啸：《侵权责任法》（第 3 版），法律出版社 2021 年版，第 621~622 页。

进行判断。〔1〕然而，自动驾驶汽车的出现使得车辆的控制权从汽车使用者的手中转移给了自动驾驶系统。用户不再需要手动完成驾驶行为，在发生机动车交通事故时就不存在驾驶过错一说，这给机动车一方事故责任的认定带来了麻烦。因此，在自动驾驶视域下，现行机动车保险制度体系无法顺利适用。

5. 车辆保险救济和保障对象范围的拓宽

自动驾驶汽车也对传统机动车责任保险的救济和保障对象的范围造成了影响。在现行的机动车责任保险体系中，交强险和商业三者险所承保的对象并不包括车上人员和被保险人。《交强险条例》第3、21条明确规定，交强险保障的是本车人员、被保险人以外的受害人。由此现行机动车责任保险排除了驾驶员和车上乘客的保障，仅通过保险对车外人员的损失进行救济。理由是基于承保规则限制，一种类型的车险仅能保障同质风险，而不能同时承保两种以上性质的风险。在传统人工操纵的汽车内，车内外人员因其风险来源不同而不属于同质风险，不能同时被一种车险保障，这就说明现行机动车保险在性质上是一种纯粹的第三者责任保险。如果机动车所有人或者管理人想要给车内人员投保，就需要购买单独的车内人员险。随着自动驾驶级别的不断提高，机动车的驾驶权从人类驾驶员身上不同程度地转移给了自动驾驶系统，这也使得车上人员的角色发生了变化。对于较高级别的自动驾驶汽车，位于驾驶舱位的人类通常只需开启自动驾驶模式或者在必要时接管汽车的驾驶权，其他时候更多地处于乘客状态，此时车上人员面临的风险与车外人员同质化。一旦发生交通事故造成损失，车上人员也需要通过该保险实现与车外行人同样的救济与保护。鉴于此风险转化结

〔1〕张力毅：《比较、定位与出路：论我国交强险的立法模式——写在〈交强险条例〉出台15周年之际》，载《保险研究》2021年第1期。

果，车上人员与车外人员的处境逐渐同质化，需要重新考量是否应该把自动驾驶汽车上的“乘客”纳入机动车责任保险的救济范围。

6. 现行车辆保险的产品体系受到冲击

运用新兴人工智能技术的自动驾驶汽车将使得某些原有车险产品的需求量大大降低甚至消失。现行机动车保险制度的内容主要是第三人的人身财产损失、车内人员的人身损害以及机动车财产损失三大板块，同时还有各种附加险，包括附加绝对免赔率特约条款、附加车轮单独损失险、附加新增加设备损失险、附加车身划痕损失险等。现行机动车保险制度的某些内容已不适用于自动驾驶汽车，例如自动驾驶汽车装配了先进且高精度的监控摄像头、雷达等设备，以便于对外部环境做到全面且准确地感知，从而作出运行决策。与此同时，这些装置所留存的有关车辆及周边环境的数据信息有助于帮助解决容易在传统汽车上发生的盗抢事故，极大地降低此类事故发生的概率。因此，传统汽车的盗抢险在自动驾驶汽车上的需求会逐渐式微。除此之外，随着自动驾驶汽车的技术风险、网络安全风险、数据信息安全风险、道路交通安全风险等新型风险样态的出现，投保人对如何化解这些新风险的需求随着自动驾驶汽车的普及而与日俱增。因此，为满足自动驾驶汽车新的保险需求，保险公司有必要开发相应的保险产品以便弥补空白。

综上所述，当前自动驾驶汽车行业正处于大规模商业化落地的前夕，为自动驾驶汽车配备适当的责任保险规则至关重要，事关行业健康发展与受害人的救济。自动驾驶汽车与传统汽车最大的不同在于其拥有可以替代人类驾驶员的自动驾驶系统，使得汽车的驾驶权不再只是由人类司机所专有。随着自动驾驶级别的提高，系统控制运行的环节越多，汽车无人驾驶的程度也越高。自动驾驶汽车的这一自主性特点使得由人为原因造成交通事故的概率大大降低，发生交通事故大多由自动驾驶系统本身的故障所致。另外，自动驾驶技术带来的风险也呈现出多样性、复合性、难以预测性、不可控性以及社会性的特点，诸如技术风险、网络安全风险、交通出行安全风险、数据安全风险、伦理道德风险等。新风险的产生意味着传统汽车的保险模型不再完全适用于自动驾驶汽车，现行机动车保险体系受到了全方位的冲击与挑战。司机角色变化改变和扩大了“驾驶人”的内涵与范围，还引发了对“被保险人”范畴界定的混乱。随之改变了机动车责任保险认定保险人保险责任的基础，扩张了机动车交通安全事故的责任主体的范围。这也使得自动驾驶汽车保险的投保主体不再适用于由汽车所有人单一投保的模式，而是应当随着交通事故侵权责任的主体变化将自动驾驶汽车的生产者纳入投保主体的范围，从而实现责任风险主体与投保主体的衔接。此时由于车上人员与车外人员的处境逐渐同质化，需要重新考量是否应该把自动驾驶汽车上的“乘客”纳入机动车责任保险的救济范围。现行机动车保险制度的某些内容已不适用于自动驾驶汽车，为满足自动驾驶汽车新的保险需求，保险公司有必要开发相应的保险产品以便弥补空白。由于传统机动车保险体系的驾驶员、责任主体、投保主体、救济和保障对象、保险内容等都因自动驾驶汽车的出现受到了不同程度的影响，因此必须重新审视传统的机动车保险体系。面对自动驾驶汽车提出的挑战，有必要更新现有的交强险与机动车商业险，同时引入产品责任险，形成多层次的责任保险机制。从长远发展来看，随着自动驾驶汽车安全性的提高，所有人或者管理人购买责任保险的动力将逐渐减弱，生产者一方购买产品责任险的趋势会不断增强。

第五章

域外自动驾驶汽车保险法律制度的考察

自动驾驶汽车的应用与发展给传统车险制度带来了冲击与挑战。美国、欧盟、英国、德国、加拿大、日本、韩国等国都以不同形式对自动驾驶汽车保险作出了针对性回应。考察域外国家自动驾驶汽车保险法律制度，对于完善我国自动驾驶汽车保险法律体系，促进自动驾驶汽车产业发展具有现实意义。

一、域外自动驾驶汽车保险法律制度的考察

（一）美国

美国采取“联邦-州政府”两级模式管理自动驾驶汽车。联邦政府主要通过制订政策指南文件从整体上来引导自动驾驶汽车上路测试和产业发展，各州政府主要通过立法等手段管理本地区内的自动驾驶汽车上路测试，提出具体要求和实施细则，审核申请材料，定期评估测试车辆的上路资格。

1. 联邦政府层面

在联邦政府层面，美国交通运输部（DOT）自2016年起建立和不断完善自动驾驶汽车法律法规体系，先后颁布了4部规

划（AV1.0-AV4.0）。2021 年 1 月 11 日美国交通部又发布了《自动驾驶汽车综合计划》（Automoated Vehicles Comprehensive Plan），进一步指明了美国自动驾驶的发展方向。其中，在自动驾驶汽车保险方面，2017 年 9 月 3 日，美国交通运输部（DOT）于密歇根州发布了自动驾驶汽车指南——《自动驾驶系统 2.0：安全展望》（Automated Driving Systems 2.0：A Vision For Safety），第二部分“对州政府的技术协助——针对安全驾驶系统相关立法机关的最佳实践”中的“7.0 责任与保险”对以下事项作出了规定：

对州政府在自动驾驶汽车交通事故中的责任承担问题以及自动驾驶汽车中驾驶员方、企业方和自动驾驶系统（ADS）的保险构建的初步探讨。对自动驾驶汽车交通事故的责任承担问题以及对有关各方保险制度的构建需要通过缜密的思索，事故发生场景、自动驾驶系统（ADS）的技术运行原理、自动驾驶系统（ADS）的使用主体和使用方式等方面都是需要考虑的因素。值得注意的是，在某些情况下，即使确定了自动驾驶系统（ADS）的操作主体，也并不能确定自动驾驶汽车交通事故的责任主体。

7A -需要讨论当发生自动驾驶汽车交通事故后，如何在自动驾驶系统（ADS）的所有者和操作者、乘客、制造商及其他企业之间分配责任。

7B -确定是由自动驾驶系统（ADS）的所有者、操作者、制造商或是乘客、其他企业哪一方来为自动驾驶汽车购买保险。

7C -州政府可以制定有关自动驾驶汽车侵权责任的规

则和法律。〔1〕

为了配合美国自动驾驶汽车规划的实施，美国保险协会（AIA）发布了《自动驾驶汽车责任保险原则》[Autonomous Vehicle（AV）Liability Insurance Principles]："原则1——美国保险协会（AIA）及其成员公司支持引入安全且经过测试的自动驾驶汽车技术；原则2——事故受害者必须得到公平、及时的赔偿；原则3——消费者应当有多样的保险选择；原则4——传统的驾驶员操控的汽车和自动驾驶汽车的保险要求不应不同；原则5——汽车制造商的产品责任不应被视为有效的事故赔偿制度；原则6——在车队中增加自动驾驶汽车不应给事故赔偿系统带来不确定性或保险风险敞口；原则7——不应轻易放弃现有的汽车侵权责任体系；原则8——保险公司在为自动驾驶车辆提供保险时应具有灵活性；原则9——自动驾驶汽车制造商必须为在公共道路上测试的自动驾驶汽车购买保险。"〔2〕

〔1〕《自动驾驶系统2.0：安全展望》（Automated Driving Systems 2.0：A Vision For Safety）第二部分：7. Liability and Insurance：Initial considerations for State relegation of liability during an incident and insurance of the driver，entity，and/or ADS. These considerations may take time and broad discussion of incident scenarios，understanding of technology，and knowledgeof how the ADSs are being used（personal use，rental，ride share，corporate，etc.）. Additionally，determination of the operator of an ADS，d in a given circumstance，may not necessarily determine liability for crashes involving the ADS. a. Begin to consider how to allocate liability among ADS owners，operators，passengers，manufacturers，and other entities when a crash occurs. b. For insurance purposes，determine who（owner，operator，passenger，manufacturer，other entity，etc.）must carry motor vehicle insurance. c. States could begin to consider rules and laws allocating tort liability.

〔2〕《自动驾驶汽车责任保险原则》[Autonomous Vehicle（AV）Liability Insurance Principles]：Principle No. 1-AIA and its member companies support the introduction of safe and tested autonomous vehicle technologies. Principle No. 2 - Accident victims must be compensated fairly and promptly. Principle No. 3 - Consumers should have competitive options for their insurance. Principle No. 4 - There should not be different insurance requirements for driver-controlled versus autonomous vehicles. Principle No. 5-Manufacturer

2. 州政府层面

在州政府层面，美国各州政府根据联邦政府的总体规划，并结合各州实际情况来制定相关政策，以规范自动驾驶汽车保险事宜。

以美国内华达州为例，在对交通事故的法律责任认定方面，内华达州规定，因第三方将非自动驾驶汽车改装成自动驾驶汽车而存在缺陷，并因此造成损害的情形下，原汽车制造商对此免责。内华达州对自动驾驶测试保险制度方面的规定为：任何个人或者组织在公路上进行自动驾驶测试前，都必须满足以下条件：①向机动车管理局证明已经投入500万美元的保险或者出具相应金额的保函；②向机动车管理局缴纳500万美元的保证金。[1]美国其他州（诸如佛罗里达州、加利福尼亚州、怀俄明州、纽约州等）均有类似的规定。

此外，美国还设立有研究有关自动驾驶汽车保险问题的研究机构：美国公路安全保险协会（IIHS）与高速公路数据研究所（HLDI），为自动驾驶汽车保险问题提供支持。美国公路安全保险协会（IIHS）创立于1959年，是一个独立的非营利性科学和教育组织，致力于减少机动车交通事故造成的死亡、受伤和财产损失。高速公路数据研究所（HLDI）成立于1972年，是一家非营利性研究机构，专长于对保险数据进行研究分析，并负

（接上页）product liability alone should not be relied upon as an efficient accident compensation system. Principle No. 6-The addition of autonomous vehicles to the fleet should not introduce uncertainty or insurance coverage gaps into the accident compensation system. Principle No. 7-The existing tort law automobile system should not be discarded lightly. Principle No. 8 - Insurers should have flexibility in providing coverage for AVs. Principle No. 9-Manufacturers must provide liability protection for AVs tested on public roads.

〔1〕沈婷婷、范煜君：《自动驾驶技术对汽车保险行业的影响》，载《交通世界》2019年第10期。

责发布美国和加拿大道路上的汽车、SUV、皮卡车和摩托车车型的保险损失统计数据，其数据库是世界上最大的汽车保险信息数据库。[1]

除了在法律和政策上对自动驾驶汽车保险的支持和引导外，美国汽车公司与保险公司的合作也日益密切。2017 年 12 月，谷歌旗下自动驾驶部门 Waymo 和保险公司 Trov 建立合作，由 Trov 保险公司为购买 Waymo 无人驾驶汽车的客户提供包括财务损失险、行程延误险、医疗费用报销等在内的商业保险项目。[2] 2019 年 8 月，特斯拉在加利福尼亚州推出了“特斯拉保险”，并宣称司机辅助技术和自动驾驶技术日益成为标准，汽车保险费率应该大幅下降，并表示该保险保费将比竞争对手低 20%。[3] 2020 年 8 月，“特斯拉保险经纪有限公司”在上海设立，若该保险经纪牌照获得国家金融监督管理总局批准，或将填补自动驾驶汽车保险领域的空白。2021 年 3 月，宝马与瑞士再保险公司（Swiss Re）合作，共同开发了一套保费评估系统，该系统根据“与安全相关的自动驾驶系统的情况”逐案评估单个车辆，让保险公司能够根据车辆的自动驾驶技术特征单独计算保费。[4]

（二）欧盟

2017 年 2 月，欧盟议会通过《欧盟机器人民事法律规则》（European Civil Law Rules in Robotics）。议会认为，人工智能的发展与应用将为社会提供巨大的经济和创新效益，但同时也会

---

〔1〕沈婷婷、范煜君：《自动驾驶技术对汽车保险行业的影响》，载《交通世界》2019 年第 10 期。

〔2〕《初创保险公司 Trov 将为谷歌 Waymo 自动驾驶乘客提供保险》，载 http://kuaibao.qq.com/s/20171220A0DH4200? refer=cp_ 1026，访问时间：2024 年 3 月 20 日。

〔3〕《特斯拉在美国加州推出汽车保险服务，承诺费率降低 20%》，载 https://new.qq.com/rain/a/TEC2019082900136500，访问时间：2024 年 3 月 20 日。

〔4〕《2021，L3 自动驾驶量产元年?》，https://chejiahao.autohome.com.cn/info/8229605，访问时间：2024 年 3 月 20 日。

带来伦理失衡、数据与隐私侵害、问责困难等负面问题，故有必要对人工智能的发展所带来的风险进行规制。关于规制内容的设计，议会建议的规制手段包括制定有效的伦理指导框架、成立欧盟统一的机器人技术和人工智能监管机构、明确损害赔偿的严格责任、建立适用于智能机器人的强制保险制度、建立赔偿基金、为复杂自动化机器人创设“电子人”的法律地位等内容。〔1〕就保险政策方面而言,《欧盟机器人民事法律规则》提出了以下几点建议：

1. 建立强制保险制度

《欧盟机器人民事法律规则》针对机器人侵权事故中的责任分担问题提出了建立强制保险制度的立法建议。由于机动车责任强制保险已经足够成熟，因此将其移植于人工智能领域具有相当大的可行性。而自动驾驶汽车属于人工智能和机动车相结合的产物，兼具二者的主要特征，因此《欧盟机器人民事法律规则》第57条提出，考虑到对于越来越自主的机器人造成损害的责任分配具有复杂性，借鉴机动车责任强制保险，建立强制性的保险计划是可行的解决方案。〔2〕该条规定意味着在机器人侵权事故中可以引入类似机动车责任强制保险的法律制度，即由机器人的所有者或管理者为机器人投保，在发生侵权事故后由保险公司予以赔付。

---

〔1〕 席斌：《欧洲机器人技术民事法律规则》，载《〈上海法学研究〉集刊（2021年第5卷总第53卷）——2021世界人工智能大会法治论坛文集》。

〔2〕《欧盟机器人民事法律规则》第57条规定：Points out that a possible solution to the complexity of allocating responsibility for damage caused by increasingly autonomous robots could be an obligatory insurance scheme, as is already the case, for instance, with cars; notes, nevertheless, that unlike the insurance system for road traffic, where the insurance covers human acts and failures, an insurance system for robotics should take into account all potential responsibilities in the chain.

2. 设立赔偿基金

《欧盟机器人民事法律规则》还提出了设立赔偿基金，用以弥补强制保险制度不能完全覆盖受害人损失的缺点。《欧盟机器人民事法律规则》第58条规定，可以设立一项基金加以补充，以确保在没有保险覆盖的情况下，可以对损害进行赔偿。[1]其实，目前许多国家在交通事故领域都采取了强制保险与赔偿基金相结合的制度，例如，我国立法规定由国家设立道路交通事故社会救助基金。但欧盟对机器人领域的赔偿基金则作出了更进一步的规定。第59条c项提出，若损害是由机器人造成的，如果制造商、程序员、所有者或使用者加入赔偿基金或共同购买保险以保证机器人所造成的损害得到赔偿，那么他们可以对该损害承担有限责任。[2]第59条e项还提出了建立机器人登记注册制度，确保机器人和基金之间的联系可以通过在特定的工会登记簿上登记的号码来查找，这样任何与机器人之间有互动的人便都可以了解基金性质、财产受到损害的责任限制、捐献者的姓名，以及其他相关细节，以便于受害者求偿。[3]

---

[1] 《欧盟机器人民事法律规则》第58条规定：Considers that, as is the case with the insurance of motor vehicles, such an insurance system could be supplemented by a fund in order to ensure that reparation can be made for damage in cases where no insurance cover exists; calls on the insurance industry to develop new products and types of offers that are in line with the advances in robotics.

[2] 《欧盟机器人民事法律规则》第59条c项规定：allowing the manufacturer, the programmer, the owner or the user to benefit from limited liability if they contribute to a compensation fund, as well as if they jointly take out insurance to guarantee compensation where damage is caused by a robot.

[3] 《欧盟机器人民事法律规则》第59条e项规定：ensuring that the link between a robot and its fund would be made visible by an individual registration number appearing in a specific Union register, which would allow anyone interacting with the robot to be informed about the nature of the fund, the limits of its liability in case of damage to property, the names and the functions of the contributors and all other relevant details.

（三）英国

英国在交通技术领域一直处于领先地位，特别是针对保险政策，面对自动驾驶汽车带来的新挑战，政策调整也最为及时。英国自动驾驶汽车保险的政策旨在对受害方进行快速赔偿。

2016年，英国保险公司 Adrian Flux 率先推出了针对自动驾驶汽车的附加保险政策。〔1〕与原有车险政策相比，该政策增加了自动驾驶汽车出现问题后能获得赔偿的几种情况。具体而言包括：①车主因主机厂或供应商通知安装补丁或更新后的24小时内没有成功安装或生效而发生交通事故的；②定位系统失效影响导航系统和操作系统而导致的事故；③导航系统等失效，无法从自动模式切换回手动模式而导致的事故；④系统遭黑客入侵而导致的事故。这是英国最早的关于自动驾驶汽车的保险政策。同时，Adrian Flux 的自动驾驶汽车保险还提供其标准汽车保单所提供的承保范围，包括火灾、盗窃、车内娱乐以及导航系统保障，保费为400英镑~500英镑。〔2〕

2017年2月，《汽车技术和航空法案》（Vehicle Technology and Aviation Bill）确立了自动驾驶汽车保险模型的初步框架："单一承保模型"使得汽车保险同时涵盖人类驾驶员驾驶汽车的行为以及自动驾驶技术本身，并确立了保险人的严格责任以及保险人的责任减免事由和追偿权，〔3〕但该法案因议会解体而未通过。2018年7月19日，英国颁布《自动与电动汽车法案》（Automated and Electric Vehicles Bill，简称 AEV 法案）。该法案

〔1〕"Insurer launches UK's first driverless car policy"，https：//www.theguardian.com/business/2016/jun/07/uk-driverless-car-insurance-policy-adrian-flux，2024-3-20.

〔2〕《自动驾驶影响车险市场格局，保险公司要如何应对?》，载 https：//zhuanlan.zhihu.com/p/550091459，访问时间：2024年3月20日。

〔3〕"What is the Vehicle Technology and Aviation Bill"，https：//www.venturer-cars.com/vehicle-technology-aviation-bill，2024-3-20.

吸收了《汽车技术和航空法案》理念，对以下事项作出规定：

1. 明确自动驾驶汽车责任认定

AEV 法案规定对于自动驾驶汽车“自我驾驶”发生事故造成的损失，由保险人或车辆所有人承担首要责任。对于自动驾驶汽车的范围，AEV 法案第 1 条授权国务大臣拟定自动驾驶汽车目录并保持更新。但对法案规范的自动驾驶汽车级别，可以排除 L1 和 L2 级别的自动驾驶汽车，而 L3 级别的自动驾驶汽车是否适用则很不明确。[1]针对自动驾驶汽车发生交通事故的责任认定，AEV 法案第 2 条根据是否投保予以分别规定。具体而言，保险公司承担责任的条件是：①自动驾驶汽车在道路或其他公共场所进行“自我驾驶”而发生事故；②车辆在发生事故时已经投保；③被保险人或其他人因事故而遭受损失。应当投保却因某种法定原因没有投保而“自我驾驶”发生事故造成他人的损失，由车辆所有人承担赔偿责任。[2]由此可见，AEV 法案一方面在明确自动驾驶汽车范围的同时拓宽了承保范围，将自动驾驶汽车本身作为致害和承保的风险对象，使得其车辆强制保险框架由承保司机转向承保汽车，[3]并将被保险人的损害也纳入保险赔偿范围；另一方面为保险人和车辆所有人确立了首要责任和严格责任，以凸显车辆强制保险的救济和保障功能。

2. 为保险人和车辆所有人设置共同过失条款

为救济和保障被保险人及其他受害人的权益，AEV 法案规定了保险人和车辆所有人的严格责任，但并不意味因受害人过失行为造成的损害也由保险人和车辆所有人负责。对此，AEV

---

〔1〕 曹建峰、张嫣红：《〈英国自动与电动汽车法案〉评述：自动驾驶汽车保险和责任规则的革新》，载《信息安全与通信保密》2018 年第 10 期。

〔2〕 AEV 法案第 2 条。

〔3〕 曹建峰、张嫣红：《〈英国自动与电动汽车法案〉评述：自动驾驶汽车保险和责任规则的革新》，载《信息安全与通信保密》2018 年第 10 期。

法案第3条确立了“共同过失条款”，并规定了减免保险人和车辆所有人责任的两种情形：①在保险人或车主按照规定对自动驾驶汽车发生的事故承担法律责任，且事故或损害在一定程度上是由受损害方所造成的情况下，根据《法律改革（共同过失）法案》[Law Reform（Contributory Negligence）Act]，可以在相应程度上减免保险人或车主的责任数额；②若事故的发生是完全由车辆控制者疏忽，从而在不适宜的情况下允许车辆进行“自我驾驶”所导致，则保险公司或车主无需向车辆控制者负法律责任。〔1〕应当说，共同过失条款以受害人或车辆控制者的过失减免保险人和车辆所有人的责任体现了责任自负和公平原则的要求，也是过失相抵规则在严格责任中的适用。

3. 规定了限制和免除保险人责任的“责任豁免条款”

自动驾驶汽车的“自我驾驶”功能实现与车辆的安全运行在很大程度上有赖于智能软件系统的有效维护与更新，而擅自更改智能软件系统或者不及时更新软件系统，势必会使车辆本身存在安全隐患，从而增加发生交通事故的可能性。因被保险人或第三人违反保险条款的规定更改软件或未及时更新安全软件而造成事故的，可以免除或限制保险人的责任。具体而言，包括两种情形：①被保险人或者在被保险人同意的情况下对软件做了保险条款所禁止的更改；②未能对安全攸关的软件更新，

〔1〕 AEV法案第3条规定：Contributory negligence etc（1）Where（a）an insurer or vehicle owner is liable under section 2 to a person（“the injured party”）in respect of an accident, and（b）the accident, or the damage resulting from it, was to any extent caused by the injured party, the amount of the liability is subject to whatever reduction under the Law Reform（Contributory Negligence）Act 1945 would apply to a claim in respect of the accident brought by the injured party against a person other than the insurer or vehicle owner.

且被保险人明知或应知该软件更新是安全攸关的。[1]此外，若违法更改或不及时更新软件的行为是第三人实施，并进而发生交通事故，则根据首要责任规定，保险公司在履行赔偿义务后可以就支付的赔偿数额在保险合同规定的范围内行使追偿权，以此实现受害人救济与保险人权利之间的平衡。

4. 赋予保险人和车辆所有人以追偿权

因第三人原因引发交通事故致损时，AEV 法案赋予了保险人和车辆所有人以追偿权。在事故原因可归责于第三人，包括可归责于生产者的原因导致交通事故的损害时，第三人承担理应承担的法律责任。因此，AEV 法案第 5 条规定和赋予保险人和车辆所有人在其所负责任的数额已经确定，保险人或车主对受害者赔偿后，可以在第三人应负的赔偿责任范围内享有向第三人追偿的权利，[2]以此保护保险人和车辆所有人的利益，从而维持保险人、车辆所有人与致害第三人之间的利益平衡。[3]

（四）德国

德国作为现代汽车的发源地，汽车工业发展历史悠久，保险制度及车险产品也相当完善。德国的交强险制度被规定在《机动车保有人强制责任保险法》之中，该法规定强制机动车车

---

〔1〕 AEV 法案第 4 条规定：Accident resulting from unauthorised software alterations or failure to update software（1）An insurance policy in respect of an automated vehicle may exclude or limit the insurer´s liability under section 2（1）for damage suffered by an insured person arising from an accident occurring as a direct result of（a）software alterations made by the insured person, or with the insured person´s knowledge, that are prohibited under the policy, or（b）a failure to install safety－critical software updates that the insured person knows, or ought reasonably to know, are safety－critical.

〔2〕 AEV 法案第 5 条规定：Right of insurer etc to claim against person responsible for accident。

〔3〕 王春梅：《人机协同视域下中国自动驾驶汽车责任保险立法构设》，载《上海师范大学学报（哲学社会科学版）》2022 年第 3 期。

主为其购买的车辆买入交强险。2017 年 5 月，德国联邦参议院通过了首部规范自动驾驶汽车的法律——《道路交通法第八修订案》（以下简称《修正案》），将 L3 及以下级别的自动驾驶汽车纳入规制范围。[1]同时，《修正案》明确了自动驾驶汽车驾驶员（指启动、使用自动驾驶汽车的人，而不管其是否亲自驾驶）的权利、义务与责任。在使用自动驾驶汽车的过程中，使用人具有不亲自驾驶车辆的权利，以及始终保持警觉和在必要时无延迟重新控制汽车的接管义务。

1. 配备数据记录系统助力责任划分

在事故责任划分上，《修正案》第 63a 条规定自动驾驶汽车须配备类似飞机“黑匣子”的数据记录预加工系统，目的是解决人机交互驾驶模式下可能产生的举证困难问题。该装置通过记录自动驾驶汽车行驶过程中的数据：一是记录发生事故时汽车处于何种驾驶模式、人类驾驶模式与自动驾驶系统交接的时间点以分析出事故发生的真正原因；二是记录使用人的生理状态和介入措施，据此判断使用人是否正确履行接管义务。根据分析数据查明的事故原因，确定事故责任主体及赔付责任。

2. 提高自动驾驶事故交强险赔偿额度

《修正案》第 12 条第 1 款将人员人身损害和财产损失的最高赔偿限额分别提高到传统机动车交通事故的 2 倍。虽然修正案提高了交强险的分项赔偿限额，但具体赔付规则仍沿用现行的《强制责任保险法》，对更高级别的自动驾驶汽车仍存在适用困境。

2021 年 2 月，德国通过了《道路交通法——强制保险法（修正案）》，该部法案的立法目的是为自动驾驶技术的运用提

---

〔1〕 贾平、魏慧楠：《无人驾驶汽车的相关法律问题及其对策》，载《长安大学学报（社会科学版）》2018 年第 4 期。

供法律依据和监管，因此该修订案又被称为《自动驾驶法》。这部法律的正式生效标志着从2022年开始，德国将允许L4级自动驾驶汽车在德国公共道路上的指定区域内行驶。《自动驾驶法》开创性地规定了“技术监督”制度——技术监督机构/人员将远程监控自动驾驶汽车，在紧急情况下能够向自动驾驶汽车发出操作指令、远程关闭自动驾驶系统或直接关停自动驾驶汽车。为适配技术监督制度，自动驾驶汽车也必须具备提出具有继续执行可能的驾驶操作方案的能力以及提供可供技术监督方评估车辆实时情况的数据的能力，以便技术监督方决定是否批准系统提出的驾驶操作方案。在保险方面，《自动驾驶法》规定自动驾驶汽车的所有人均有义务为技术监督人员购买一份责任险。是由于该法考虑到如果自动驾驶汽车在运行期间出现了紧急状况，技术监督人员会要求驾驶员对汽车进行接管，但可能存在因技术监督人员不履行或不能履行职责而造成事故损害的情形。在该情况下，技术监督人员可能会面临承担责任问题。[1]因此为避免上述情形的发生，《自动驾驶法》规定自动驾驶汽车的所有人都必须为技术监督人员购买责任险。

（五）加拿大

2018年11月，加拿大保险局（IBC）发布了“自动驾驶汽车保险：为未来交通方式做准备”（Auto Insurance for Automated Vehicles：Preparing for the Future of Mobility）的报告。[2]该报告指出，在阿尔伯塔省、安大略省和加拿大大西洋地区，由私营保险公司提供汽车保险，省级法律规定的汽车保险政策旨在确

〔1〕张韬略、钱榕：《迈入无人驾驶时代的德国道路交通法——德国〈自动驾驶法〉的探索与启示》，载《德国研究》2022年第1期。

〔2〕IBC：“自动驾驶汽车保险：为未来交通方式做准备”（Auto Insurance for Automated Vehicles：Preparing for the Future of Mobility），The Future of Insurance：Automated Vehicles（ibc. ca），访问时间：2024年3月20日。

保碰撞中受伤的人得到公平和迅速的赔偿。计划重点强调三项建议：

1. 建立一体化保险单

建立既能覆盖司机失误操作又能包括自动化技术故障的单一保险单，从而使责任索赔更容易。在加拿大，产品责任诉讼更为复杂，与一般车辆碰撞索赔的2年到4年相比，可能需要更长的时间才能解决。在传统车辆、辅助驾驶车辆和全自动驾驶车辆共用道路的过渡时期，确定谁应对碰撞负责的过程将尤为复杂和漫长。单一保险单的目的是使自动驾驶车辆索赔的侵权程序与涉及传统车辆的传统索赔程序保持一致。在单一保险政策下，如果碰撞是由自动驾驶汽车造成的，无论责任在于驾驶员还是在于自动驾驶技术，伤者都可以直接向自动驾驶汽车的保险公司索赔。如果是自动驾驶技术造成了碰撞，保险公司将对任何受伤人员进行赔偿，包括自动驾驶汽车驾驶座上的人员。单一保险单还将对由车辆自动驾驶技术的网络漏洞造成的碰撞事故中的受伤人员进行赔偿。在对受伤人员进行赔偿后，保险公司有权向碰撞事故的责任方（如汽车制造商或技术提供商）追偿责任赔偿金。

2. 建立数据共享机制

建立车辆制造商、车主和保险公司之间的数据共享机制，以便确定事故原因。数据共享机制包括汽车制造商向车主和保险公司提供规定的数据，以帮助确定碰撞原因、碰撞时车辆是手动模式还是自动模式以及车辆操作员与自动技术的互动情况。数据共享机制对于快速解决责任索赔至关重要。此外，应简化数据共享流程，以方便数据传输，避免给汽车制造商、车主或保险公司带来任何行政负担。为了使单一保险政策有效运作，从涉及碰撞的车辆中挖掘数据至关重要。该报告重点关注了11

项数据指标，包括事故发生时间、地点、车速、驾驶状态、司机行为记录等。

3. 更新车辆安全标准和网络安全标准

建议更新联邦车辆安全标准和网络安全标准，充分考虑到新技术。Thatcham Research 最近发布了《辅助和自动驾驶技术评估》，其中包含自动驾驶车辆的安全标准，这些标准指出了自动驾驶车辆在特定驾驶条件下应具有的性能。美国国家公路交通安全管理局发布了《自动驾驶汽车开发和推广自愿指南》。《自动驾驶系统自愿指南》包含 12 个优先考虑的安全设计要素，包括车辆网络安全、人机界面、碰撞数据记录、碰撞价值、消费者教育和培训以及碰撞后的自动驾驶技术行为。Thatcham Research 的自动驾驶汽车安全标准和美国的自愿性指南都为加拿大联邦政府在考虑自动驾驶汽车技术和网络安全标准时提供了重要指导。

（六）日本

日本政府于 2016 年出台了《自动驾驶汽车道路测试指南》和《自动驾驶普及路线图》两部法律，但这两部法律仅对自动驾驶汽车道路测试和路线作出了规定，并未涉及自动驾驶汽车责任保险制度。相较于政府而言，日本的保险公司在自动驾驶投资领域非常活跃。在一定程度上，保险公司对自动驾驶汽车保险的实际落地起到了巨大的推动作用。东京海上日动火灾保险公司根据自动驾驶汽车交通事故的原因模糊性、责任不确定性以及追责耗时性等特点，制定了自动驾驶汽车《被害者救济费用等补偿特约》，该特约已在 2017 年正式生效。该特约针对自动驾驶汽车的责任保险机制进行了有效规范，扩大了汽车保险的赔付范围，将自动驾驶汽车交通事故纳入其中，从两个方面厘清被保险人与保险人的风险承担和责任分配。第一，规定人类驾驶员、被保险人操作自动驾驶汽车时，若发生交通事故导致受害人人身伤亡或财产损失，经查明事故原因是由被保险人的过错造成的，被保险人需要承担事故责任，那么保险人应按照合同约定对受害人进行额度内的赔付。第二，如果投保人与保险人约定的保险合同内容没有包含自动驾驶汽车发生的交通事故，则根据法律规定，保险人不需要承担事故责任，但为保障受害人得到救助，保险公司仍然要对受害人进行适当的赔付。此外，特约还规定在自动驾驶汽车发生交通事故时，如果受害人存在一定的过错，应当适当减轻保险公司的赔偿责任。〔1〕

关于自动驾驶汽车交通事故的责任划分，日本政府于 2018 年 3 月出台了《自动驾驶相关制度整备大纲》。针对自动驾驶汽车在自主驾驶时的事故赔偿制定了一项方针：为了查明事故原因，该大纲要求车辆安装行车记录仪，记录位置信息、方向盘操作和自动驾驶系统的运行状况等。确认把自动驾驶汽车与一般汽车相同对待，自主行驶时的事故赔偿责任原则上由车辆所有者承担，车辆所有者可以利用法律强制加入的机动车交通事故责任强制保险（交强险）进行赔付。当汽车系统存在明确缺陷之际，企业需承担责任。此外，黑客入侵导致的事故赔偿与被盗车辆导致的事故损害同样适用政府的救济制度，条件是自动驾驶汽车所有者及时更新了自动驾驶系统，采取了相应的安全措施。〔2〕

此外，日本政府还于 2019 年通过了《道路运输车辆法》和《道路交通法》两部修订案。这两部修订案对自动驾驶设备进行

〔1〕 包志会：《数据时代我国自动驾驶汽车责任保险机制的构建》，载《铜陵职业技术学院学报》2021 年第 3 期。

〔2〕《自动驾驶相关制度整备大纲》（自動運転に係る制度整備大綱），第 17~19 页，载 https：//www. mlit. go. jp/common/001260125，访问时间：2024 年 3 月 20 日。

了明确定义，对自动驾驶汽车施行强制性保险制度，并规定汽车保险业务至少应当涵盖由 L3 及以上的自动驾驶汽车引起的事故。自动驾驶汽车应配备能准确记录运行状态的记录仪，汽车使用者应按照规定保存记录仪所储存的信息，并将保养、维修、改装信息记录的车辆范围扩大到自动驾驶汽车，规定汽车使用人记录保养、维修、改装必要的事项，为自动驾驶车险提供法律依据。目前，日本正在研究 L4 和 L5 级别自动驾驶汽车发生事故时由制造商来承担责任的问题。[1]

（七）韩国

为了促进和支持自动驾驶汽车技术的应用和发展，韩国于 2019 年 4 月 30 日制定了《自动驾驶汽车商用化促进法》，并于 2020 年 5 月 1 日起正式实施。该法第 19 条规定："在自动驾驶汽车试运行区域内开展自动驾驶汽车相关研究或试运行业务的主体，应就相关业务可能产生的人身或财产损失购买相应保险。"[2]

此外，韩国于 2019 年 4 月推出《汽车事故赔偿法（修订案）》，该法案提出，由于 L3 级自动驾驶汽车仍要求驾驶员坐在驾驶座上并随时准备在几秒内接手驾驶任务，因此将事故责任归咎于驾驶员是在事故后保护受害者最快的方法。其规定购买自动驾驶汽车的车主必须购买一份汽车保险，在发生事故时，首先由保险公司替代车主赔偿受害者，然后根据自动驾驶汽车是否存在产品缺陷以确定汽车制造商是否该为此事故负连带责任。

---

〔1〕 中央财经大学保险学院大学生"双创"团队：《自动驾驶汽车保险的国际经验》，载《中国保险》2023 年第 2 期。

〔2〕《自动驾驶汽车商用化促进法》（자율주행자동차 상용화 촉진 및 지원에 관한 법률）第 19 条，载 https：//law. go. kr/LSW/lsInfoP. do？lsiSeq = 208588#0000，访问时间：2024 年 3 月 24 日。

2020 年 10 月，《韩国汽车事故赔偿法（修正案）》正式生效。根据该修正案的规定，由自动驾驶汽车引发的事故，首先由保险公司赔偿受害人，然后根据自动驾驶汽车是否存在产品缺陷确定汽车制造商是否负连带责任。为查清交通事故原因，该修正案还专门配套了事故委员会制度，即《自动驾驶车辆事故调查委员会的组织和运作条例》。据此，该委员会可要求车辆制造商提供事故记录系统中记录的信息，以及保险公司提交在事故现场拍摄的任何相关照片以及由事故引起或与之相关的文件和材料。[1]

另外，韩国金融服务委员会（FSC）于 2020 年 9 月 17 日宣布，12 家韩国保险公司将从 9 月底开始提供专门针对商用自动驾驶汽车的保险服务。《韩国自动驾驶汽车安全标准》（2020 年 7 月开始生效）和《韩国汽车事故赔偿保证法（修订版）》（2020 年 10 月开始生效）将为上述保险服务提供法律依据。新近推出的自动驾驶汽车保险政策将明确定义自动驾驶模式下发生事故的赔偿范围。该保险将指定保险公司先向保单持有人支付赔偿，如果发现任何产品存在质量缺陷，则要求自动驾驶汽车制造商赔偿。自动驾驶汽车的保费将比现有的商用汽车保险保费高出约 3.7%。FSC 表示，新近推出的自动驾驶汽车保险政策将有助于促进自动驾驶技术的发展，同时消除汽车事故保险中的盲点。到 2021 年，韩国金管部门还将努力推动涵盖非商业自动驾驶汽车的保险服务的推出。[2]

（八）其他国家

澳大利亚致力于完善“机动车意外伤害保险计划（MAII）”

---

[1] 郑志峰：《论自动驾驶汽车的责任保险》，载《荆楚法学》2022 年第 5 期。

[2]《韩国保险公司将于 9 月开始向自动驾驶车辆提供服务》，载 https://www.weiyangx.com/370742.html，访问时间：2024 年 3 月 20 日。

以使该计划涵盖自动驾驶汽车。一方面，澳大利亚国家运输委员会（NTC）同澳大利亚汽车保险委员会（MAIC）等共同修订“机动车意外伤害保险计划（MAII）”，旨在统一全国范围内不同的自动驾驶规则。另一方面，“机动车意外伤害保险计划（MAII）”只覆盖由人为过错造成的交通事故，并不涉及由产品故障造成的伤害。〔1〕目前，澳大利亚自动驾驶法律的问题是，自动驾驶汽车前排座位都要求安排一名人类驾驶员，对车辆发生的任何事故负责。当前的法律并未考虑自动驾驶系统（ADS）操作机动车辆，“机动车意外伤害保险计划（MAII）”尚无法认定由 ADS 碰撞造成伤害的责任方。

新加坡通过了《2017 年道路交通法（修正案）》[The Road Traffic (Amendment) Act 2017]，给予交通部对现有《道路交通法》豁免及制定和修改附属法规的权力。目前，由新加坡交通部下属执行机构陆路交通管理局（LTA）作为自动驾驶车辆法规制定的核心部门，对自动驾驶汽车的设计、测试、应用示范等进行监管。测试许可方面，车辆经过新加坡自动驾驶汽车测试和研究中心（CETRAN）检验后，可在指定区域上路开展自动驾驶测试。获得 LTA 批准后，自动驾驶车辆上路时需要贴有明显的自动驾驶测试标识。为严格保证车辆行驶安全，避免对正常交通形成干扰，LTA 还要求：车辆必须配备安全驾驶员，保证紧急情况下控制车辆；持有第三方责任保险或向 LTA 支付保证金；配备黑盒子并和 LTA 共享测试数据。〔2〕

〔1〕 中央财经大学保险学院大学生“双创”团队：《自动驾驶汽车保险的国际经验》，载《中国保险》2023 年第 2 期。

〔2〕《新加坡自动驾驶发展之路》，载 https：//www. shicheng. news/v/V0X8v，访问时间：2024 年 3 月 20 日。

域外自动驾驶汽车保险法律制度一览表

国家	政策法规	相关主要内容
美国	《自动驾驶系统 2.0：安全展望》	州政府开始考虑确定由自动驾驶汽车所有者、操作人员、乘员、制造商及其他企业哪一方必须承担机动车保险责任。
	保险协会（AIA）《自动驾驶汽车责任保险原则》	受害者必须得到公平快速赔偿；进行测试的自动驾驶汽车应提供责任保险保障。
欧盟	《欧盟机器人民事法律规则》	建立强制保险制度；设立赔偿基金以确保在没有保险的情况下能够对损害进行赔偿。
英国	《自动与电动汽车法案》	要求自动驾驶汽车实现保险“全覆盖”，在同一保险单上必须同时承保自动驾驶汽车和车上人员的权益。为保险人和车辆所有人设置共同过失条款；为保险人设定了责任豁免条款；第三人原因引发交通事故致损时，赋予保险人和车辆所有人以追偿权。
德国	《道路交通法第八修订案》	自动驾驶汽车须配备类似飞机“黑匣子”的数据记录预加工系统，根据分析数据查明的事故原因，确定事故责任主体及赔付责任；提高自动驾驶事故交强险赔偿额度。
	《自动驾驶法》	开创性地规定了“技术监督”制度，规定自动驾驶汽车的所有人必须为技术监督人员购买责任险。
加拿大	加拿大保险局（IBC）相关文件	建立单一保险单覆盖司机错误操作及自动化技术故障；建立车辆制造商、保险公司和车主间数据共享；

续表

国家	政策法规	相关主要内容
		更新联邦车辆安全标准和网络安全标准。
日本	《自动驾驶相关制度整备大纲》	自主行驶时的事故赔偿责任原则上由车辆所有者承担，可以交强险进行赔付。当汽车系统存在明确缺陷时，汽车制造商需承担责任。此外，黑客入侵导致的事故赔偿与被盗车辆导致的事故损害同样适用政府的救济制度。
	《道路运输车辆法》《道路交通法》	对自动驾驶设备进行明确定义，并进一步规定记录必要的数据以确认运行状况，为自动驾驶车险提供法律依据。
韩国	《汽车事故赔偿法》修正案	L3 级自动驾驶汽车发生事故，主要责任人为驾驶者本人，由保险公司替车主赔偿受害人，然后根据自动驾驶汽车是否存在产品缺陷来确定汽车制造商是否承担连带责任。
澳大利亚	澳大利亚国家运输委员会（NTC）“机动车意外伤害保险计划（MAII）”	确保有法律实体对驾驶负责；允许自动驾驶系统执行动态驾驶；对自动驾驶汽车所有者及相关实体规定义务；执行方式灵活化。
新加坡	《2017 年道路交通法修正案》	开展自动驾驶测试需持有第三方责任险或向陆路交通管理局（LTA）支付保证金。

二、域外自动驾驶汽车保险法律制度的启示

当前，汽车行业正处于从传统汽车到自动驾驶汽车的过渡时期，自动驾驶在解放人类体力与脑力劳动的同时，也带来了司机与人类驾驶员角色的转变及注意义务的变化，正在给传统车险带来巨大的冲击与挑战。[1]自动驾驶汽车事故责任认定问题是各个国家关注的焦点，而保险制度则成了解决该问题的有效选择。综合上述对各国自动驾驶汽车保险法律政策考察可知，各国以不同形式对保险制度进行改革，以回应自动驾驶汽车发展产生的新问题、新挑战：美国通过制定国家层面的文件指导地方立法，借助市场优势鼓励保险公司与自动驾驶汽车厂商合作；英国为适应自动驾驶汽车的发展出台专门法案（AEV 法案），为自动驾驶汽车发展保驾护航；德国、日本、韩国、新加坡等国家则是对原有的机动车责任保险法律进行修订，以较为温和方式解决自动驾驶汽车带来的新问题。但无论各国以何种形式适应自动驾驶汽车的发展，认识到自动驾驶汽车相较于传统汽车而言驾驶员角色的转变、生产商对事故的责任承担以及对受害者的赔偿等问题均是当前世界各国保险政策发展的主流趋势。[2]

我国的自动驾驶汽车已被准许测试上路，但保险法律制度仍存在缺失。自动驾驶汽车保险法律制度保障不仅事关对事故受害人的救济，还事关保险人、被保险人、受害人及汽车厂商等多方利益的平衡，更体现中国自动驾驶技术的发展与国际竞争力。因此，为有效回应自动驾驶保险发展，有必要合理借鉴

---

〔1〕 王春梅：《人机协同视域下中国自动驾驶汽车责任保险立法构设》，载《上海师范大学学报（哲学社会科学版）》2022 年第 3 期。

〔2〕 郑志峰：《论自动驾驶汽车的责任保险》，载《荆楚法学》2022 年第 5 期。

域外经验，对我国法律法规作出调整，构建出适合我国自动驾驶汽车发展的保险制度，发挥保险有效分散风险的功能。

（一）转变立法模式

我国采取地方试点先行立法模式，但目前国家层面没有对自动驾驶汽车保险问题作出针对性回应。在自动驾驶技术发展的初期，先由地方政府探索试验性立法再由国家部委规章总结提炼的模式具有一定的合理性，可以在保障国家总体道路安全的情况下，在地方进行立法试错。[1]但随着产业的成熟和推广，如果我国继续维持这种立法模式，不改变上位法供给缺失的局面，地方立法的不统一就会开始影响到产业的健康发展。从这个角度来看，自上而下的立法模式虽然从现阶段看过于谨慎和保守，但从长远来看的确具有高瞻远瞩的效果，能够确保整个道路交通法律体系的系统性和统一性。

目前自动驾驶技术发展正处于初期阶段，自动驾驶技术的成熟与普及都需要一定时间，因此对自动驾驶汽车保险采取像英国一样专门立法方式较为激进。结合我国保险市场能力，不妨借鉴德国、日本、韩国等国家的立法经验，修订既有法律，增强现有法律的适应性、包容性。因此，随着我国自动驾驶产业从测试迈入试点示范运营和商业运营，我国立法者可以汲取德国、日本、韩国等国家立法模式的优点，转变以往的立法模式，在厘清自动驾驶侵权责任的基础上，明确与自动驾驶市场化相配套的保险制度，完善现有的交通强制保险制度和相关的商业险。一方面，改变以往上位法被屡屡突破或搁置的乱象，提高道路交通法治水平；另一方面，统一地方不一致的立法，

〔1〕 张韬略、钱榕：《迈入无人驾驶时代的德国道路交通法——德国〈自动驾驶法〉的探索与启示》，载《德国研究》2022 年第 1 期。

为产业的长远发展保驾护航。[1]

（二）完善我国交强险制度

当前，我国汽车保险方面出台了《保险法》《道路交通安全法》《交强险条例》等法律法规，在车险方面形成了法律强制投保的交强险和自主选择投保的商业险体系。虽然自动驾驶汽车与传统机动车存在不同，但原有的车险法律框架对于自动驾驶汽车而言仍具有适配性：一方面，我国的产品责任险无法分散驾驶员责任风险且适用门槛高，制造商企业责任制度构建还不完善且适用条件不成熟；另一方面，无论自动驾驶汽车发展到哪一阶段，都属于机动车的范畴，仅存在有无自动驾驶系统的区别。[2]

虽然原有的车险法律框架对自动驾驶汽车具有适配性，但目前我国交强险制度仍存在投保主体单一、受害人范围狭窄、保险人行使追偿权不适宜等问题，难以应对由自动驾驶汽车造成的风险。国外对自动驾驶汽车保险的立法经验对我国交强险转型具有重要的借鉴意义。具体而言：第一，在投保主体方面，在传统汽车中，汽车所有人或管理人对车辆具有控制能力，应尽合理的注意义务，[3]因此交强险的投保人为汽车所有人或管理人。但自动驾驶汽车的危险控制主要源于自动驾驶系统，与生产者密切相关，因此有必要将生产者纳入投保主体范围。第二，在受害人范围方面，英国的 AEV 法案充分认识到了驾驶员在自动驾驶中角色的转变，对自动驾驶汽车保险建立“单一承

---

〔1〕 张韬略、钱榕：《迈入无人驾驶时代的德国道路交通法——德国〈自动驾驶法〉的探索与启示》，载《德国研究》2022 年第 1 期。

〔2〕 于海纯、吴秀：《自动驾驶汽车交通事故责任强制保险制度研究——一元投保主体下之二元赔付体系》，载《保险研究》2020 年第 8 期。

〔3〕 马宁：《因应自动驾驶汽车致损风险的保险机制》，载《华东政法大学学报》2022 年第 1 期。

保模型”，由传统汽车承保人转向承保汽车，将车上人员纳入强制保险救济范围，因此我国可借鉴英国做法，将车内人员纳入承保范围。第三，在保险赔偿上，不同于传统保险“先明确责任，再确定赔偿”的理赔思路，借鉴日本“先行赔付”可以使受害人避开侵权责任诉讼或者产品质量诉讼的繁琐程序，直接通过保险公司得到赔付。同时规定了保险公司或车辆所有人的追偿权，保险公司赔付后向具体责任方追偿，进一步厘清车辆所有人和生产者之间的责任承担，避免出现事故责任划分不明的问题。

（三）探索新型商业险

英国的 AEV 法案对我国保险法体系完善具有借鉴意义，但应考虑的问题是，其关注的仅是交强险的范畴，并未涉及商业险。而在我国汽车保险体系中，商业险具有自主性和灵活性，并对强制保险具有补充作用，在车险体系中扮演着重要的角色。因此，为适应自动驾驶汽车发展，探索新型商业险成了必要。〔1〕

就现阶段的自动驾驶技术而言，自动驾驶汽车面临的毁损、灭失风险亦非完全来自交通事故，车主应当考虑为自动驾驶汽车购买商业险，以确保在潜在风险发生时能够得到充分的保障。当自动驾驶汽车保有人遭遇人为错误、不可抗力甚至恶意破坏等因素时，商业险作为一种风险转移机制，能够为汽车所有人提供额外的经济保障。在自动驾驶汽车商业保险制度的构建过程中，保险人应当充分考虑到技术的特殊性、法律的空白点以及市场的实际需求，精准把握风险评估的精确性、责任归属的明确性、保费厘定的合理性等因素，切实提升未来自动驾驶汽车商业保险制度的可行性和有效性。此外，商业险具有营利属

〔1〕 潘喆：《自动驾驶汽车视野下保险责任的构建》，载《中国保险》2024 年第 2 期。

性，受市场因素影响大，因此对于国家来说，如何保障商业险的健康运行、发挥保险分散风险的功能是必须应予重视的问题。

（四）建立车险大数据平台

自动驾驶汽车行业具有智能化、网联化、共享化的发展趋势，数据对准确分析、防范、规避风险具有关键作用。德国、英国、日本、加拿大等大部分国家都强调建立车辆制造商、车主和保险公司之间的数据共享机制。该举措一方面有助于准确认定保险责任方以及责任的分配，为保险公司理赔及后续行使追偿权提供支撑。另一方面可以帮助保险公司实时动态评价被保险车辆、驾驶行为以及智能驾驶系统危险系数，为用户提供个性化保费定价服务。因此，可由政府监管部门建立多方参与的车险大数据平台，依据共享数据确认责任方，支持快速准确定损理赔。数据共享平台主要涵盖：一是自动驾驶汽车制造商，可在平台提供前期汽车具体指标数据，如自动驾驶汽车传感器数据、车辆运行轨迹数据等，构成汽车基础数据库；二是交通运输管理单位及导航地图相关企业，可在平台提供交通事故发生的现场影像，以及定位与地图相关数据等；三是自动驾驶汽车车主，可在平台提供保存的自动驾驶汽车修理、保养、改装等数据；四是保险公司以平台数据为依据，勘察事故原因、证明事故与责任主体的因果关系、确定理赔金额。此外，数据共享存在风险，应注重对数据的保护。数字化的自动驾驶模式给驾驶者和乘客的隐私权保护带来了新的挑战。保险产品以大数据法则为基础，需要大量的样本和数据支撑（如驾驶员的行车习惯）才能实现精准定价，从而支撑新的保险产品落地。在自动驾驶情境下，保险公司如遭遇驾驶者数据泄露的情况，则可能导致第三方通过网络袭击操控车辆，从而造成严重危害。因此，国家应明确自动驾驶系统需要的信息技术安全标准及数据保护机制。

综上所述，美国联邦层面制定的《自动驾驶系统2.0：安全展望》及《自动驾驶汽车责任保险原则》对美国各州具有指导性意义，为自动驾驶汽车测试上路提供了标准化服务。欧盟虽未对自动驾驶汽车保险进行专门立法，但基于机器人与自动驾驶汽车在性质上具有高度相似性，《欧盟机器人民事法律规则》提出为人工智能建立强制保险及赔偿基金制度，旨在保障受害者得到有效赔偿。英国则为自动驾驶汽车保险专门立法，AEV法案建立了涵盖自动驾驶汽车本身及被保险人的“单一承保模型”，并规定减免保险人和车辆所有人责任的“共同过失条款”以及未安装、及时更新软件情况下的保险人“责任豁免条款”。此外还规定了第三人造成事故的保险人的追偿权。德国的《道路交通法第八修订案》关注到了自动驾驶汽车交通事故责任认定的复杂性，规定配备数据记录系统助力责任划分，提高自动驾驶事故交强险赔偿额度保障受害者得到足额赔偿。《自动驾驶法》规定了自动驾驶汽车所有人须为技术监督人员购买责任保险。加拿大为确保自动驾驶事故中的受害者得到公平和迅速的赔偿，由加拿大保险局（IBC）发布了“自动驾驶汽车保险：为未来交通方式做准备”的报告，重点提出三项建议：一是建立一体化保险单；二是建立数据共享机制；三是更新车辆安全标准和网络安全标准。日本的《自动驾驶相关制度整备大纲》建立了“先行赔付”规则，即自动驾驶汽车造成交通事故，先由保险公司交强险先行赔付，后续由保险公司向事故责任方追偿。韩国的《汽车事故赔偿法（修正案）》规定首先由保险公司赔偿受害人，然后根据自动驾驶汽车是否存在产品缺陷确定汽车制造商是否负连带责任。

通过对域外各国自动驾驶汽车保险政策的考察，结合我国保险市场能力及自动驾驶汽车发展现状，汲取有益立法经验以回应我国自动驾驶汽车发展对现行保险制度的挑战，增强既有法律的包容性。对此，首先，应转变立法模式，借鉴德国、日本、韩国等国的立法经验修改上位法；其次，完善我国交强险制度，将汽车生产者纳入投保主体，借鉴英国 AEV 法案拓宽受害人范围，重订保险人追偿事由，借鉴日本“先行赔付”模式保障受害者快速赔偿；再次，探索新型商业险以对交强险进行补充；最后，建立车险大数据平台，推动数据共享，以准确认定事故责任方。

第六章

自动驾驶汽车保险法律制度的体系构成

汽车产业是国民经济重要的战略性、支柱性产业，汽车产业现代化是我国从制造业大国向制造业强国转化的重要环节。融合互联网、云计算、人工智能等现代化高新技术的自动驾驶汽车，凭借其创新性、便民性、安全性，已然成为汽车产业发展的战略方向。自动驾驶汽车的发展同传统汽车产业一样，需要保险制度的保驾护航。但是，自动驾驶这一技术革新给交通领域带来的风险来源和风险类型的变化，也对既有车险规则提出了变革要求。

一、自动驾驶汽车承继传统交强险制度的困境

目前，我国立法对交强险的设计仍停留在传统机动车时代，尚未对自动驾驶汽车作出有效回应；保险公司也尚未推出专项保险。故学界对于在自动驾驶时代是否可以沿用现行汽车保险体系多有争议；对于产品责任险、制造商企业责任等方案能否替代交强险在汽车保险中的地位众说纷纭；对于交强险如何因应自动驾驶技术的发展讨论良多。因此，有必要在讨论交强险与自动驾驶汽车适配性的基础上，探明交强险适用于自动驾驶

汽车的内生缺陷和外在挑战，并寻求相应的调试路径。以期促进交强险制度在自动驾驶时代的正常运转，为确定自动驾驶汽车的保险方案奠定基础。

（一）自动驾驶汽车保险：产品责任险、制造商企业责任抑或交强险

随着汽车自动化等级的提高，交通事故的主要风险来源从驾驶员过错行为转变为产品瑕疵。产品责任也随之成为交通事故的主要责任形式。有学者据此提出，以机动车一方交通事故责任为保险标的的交强险将变得多余，〔1〕产品责任险将替代交强险成为自动驾驶汽车责任保险的主要内容。还有学者进一步提出，当4级~5级自动驾驶汽车保有量达到一定阈值时，应当摒弃当前交通事故侵权责任体系及相应保险制度，由无过错制造商企业责任来实现事故损失分散。〔2〕以上两种观点都属于在弃置交强险的前提下，构建因应自动驾驶汽车特质的责任保险方案，是否可行值得商榷。

1. 产品责任险风险分散能力弱

在自动驾驶模式下，车辆的运行路线、速度等皆由系统决策，人类只需下达目的地指令而不必实施任何驾驶行为。责任人是创造了以某种方式造成损害的风险的人。〔3〕如果车辆的行为不再取决于驾驶员的行为，那就无法使其对事故承担责任。与此同时，由于系统将取代人类驾驶者，汽车生产者将继受人

〔1〕 许闲：《自动驾驶汽车与汽车保险：市场挑战、重构与应对》，载《湖南社会科学》2019年第5期。

〔2〕 Kenneth S. Abraham and Robert L. Rabin, "Automated Vehicles and Manufacturer Responsibility for Accidents: A New Legal Regime for a New Era", *Virginia Law Review*, 105 (2019).

〔3〕 Francesco Paolo Patti, "The European Road to Autonomous Vehicles", *Fordham International Law Journal*, 43 (2019).

类驾驶者的权利义务。[1]生产者因此取代人类驾驶者，成为自动驾驶汽车交通事故的责任承担主体。此外，生产者承担事故赔偿责任对各方均有所裨益。生产者经济实力相对更强，能为受害者提供更充分的救济。科以生产者事故责任还有助于刺激生产者改进技术、更新系统，实现危险控制、促进产业发展。在此基础上，产品责任险似乎就成了现行体系下自动驾驶汽车责任保险的不二选择。但是，将产品责任险适用于自动驾驶汽车亦有一些不足。

人类驾驶员仍具有交通事故责任主体身份，单一产品责任险无法分散人类驾驶员的责任风险：其一，现代社会的自动驾驶将长期处于人机协同状态。自动驾驶技术的发展具有阶段性和渐进性，实现完全自动驾驶（5 级）道阻且长。即便完全自动驾驶技术发展成熟，人类的驾驶权也仍可能因伦理或消费者需求而被继续保留，人机协同驾驶或为常态。因此，人类驾驶员并未完全丧失驾驶权，其行为仍是可能的风险来源，否认其责任主体身份为时尚早。其二，驾驶注意义务呈现出人机互动性。[2]自动驾驶系统具有深度学习能力，人类驾驶员的日常驾驶行为会潜移默化地影响自动驾驶汽车的性能。这种人机互动性决定了不能简单依据事故发生时由谁掌握驾驶权来确定责任归属者。其三，汽车生产者不可能继受人类驾驶员的所有义务。为顺应技术发展和安全需要，人类可能被赋予新的注意义务，如系统更新义务、接管义务等。这也使得人类无法对自动驾驶汽车交通事故完全置身事外。

产品责任险适用困难，难以代替交强险为受害人损失提供

---

〔1〕张龙：《自动驾驶型道路交通事故责任主体认定研究》，载《苏州大学学报（哲学社会科学版）》2018 年第 5 期。

〔2〕张力、李倩：《高度自动驾驶汽车交通侵权责任构造分析》，载《浙江社会科学》2018 年第 8 期。

及时、充分的补偿。其一，产品责任是否适用于自动驾驶汽车尚且存疑。产品责任适用于制造完成并在消费者控制下保持不变的产品，[1]而自动驾驶汽车的能力并不是静态的。[2]责任保险以责任为基础。产品责任在自动驾驶领域的适用性未得到完全证成前，产品责任险也难有立锥之地，更遑论发挥救济受害人的作用了。其二，产品责任认定困难，产品责任险适用空间小。产品责任以产品存在缺陷为前提。依据《产品质量法》之规定，产品缺陷是指产品存在危及人身、他人财产安全的不合理的危险或不符合相关标准。当前，自动驾驶技术还处于发展阶段，各国都尚未形成关于自动驾驶汽车的完整而成熟的安全标准。[3]而对于所谓"不合理的危险"的判断，消费者合理期待标准曾被寄予厚望。如果一产品在以预期或合理可预见的方式被使用，未能像普通消费者期待得那样安全运行，[4]就会被认为存在缺陷。该标准受到的主要诟病在于其模糊不清，更适于评判简单产品设计，而无法适用于复杂产品设计。[5]在产品缺陷证明难的困境下，受害人很难获得产品责任险的理赔，其损失也就得不到及时且有效的补偿。

2. 制造商企业责任制度构建不完善

同样是以生产者为自动驾驶交通事故的唯一责任主体，另

---

〔1〕 Alfred R. Cowger Jr.，"Liability Considerations When Autonomous Vehicles Choose the Accident Victim"，*Journal of High Technology Law*，19（2018）.

〔2〕 Fabian Putz et al.，"Reasonable Adequate and Efficient Allocation of Liability Costs for Automated Vehicles：A Case Study of the German Liability and Insurance Framework"，*European Journal of Risk Regulation*（*EJRR*），9（2018）.

〔3〕 马宁：《因应自动驾驶汽车致损风险的保险机制》，载《华东政法大学学报》2022年第1期。

〔4〕 Robert W. Peterson，"New Technology - Old Law：Autonomous Vehicles and California's，Insurance Framework"，*Santa Clara Law Review*，52（2012）.

〔5〕 冯珏：《自动驾驶汽车致损的民事侵权责任》，载《中国法学》2018年第6期。

有学者跳出现行保险框架，提出了制造商企业责任这一新方案。制造商企业责任，是以车辆为中心的自动驾驶汽车事故责任和保险，兼具责任承担规则和风险分散机制双重属性。根据这一制度设计，当25%的注册车辆是4级或5级自动驾驶汽车时，废除当前交通事故侵权责任体系及相应保险制度，由汽车制造商对由自动驾驶系统运行引起的所有人身伤害承担严格责任。具体的责任承担方式是相关部门对汽车制造企业进行评估，向其征收一定费用设立专项基金。当发生事故时，受害人可通过车辆投保商业险的保险公司向该基金索赔。制造商企业责任很好地契合了人类驾驶员车辆控制力减弱、汽车制造商道路影响力增强的趋势。同时，其还避开了产品责任险的适用困境，明确了责任主体，为受害人寻求救济指明了方向，确有一定的相对优势。但是，以之取代当前的责任体系和保险制度障碍尚存。

制造商企业责任难以实现为受害人提供及时、充分救济的预期目标。首先，制造商企业责任的赔付时效和救济程度未必比交强险更为优越。该制度虽要求制造商承担严格责任，但受害人能否获得赔付、赔付比例如何均需经专项基金内部机构评估决定。其次，制造商企业责任只救济受害人的人身损害，不能完全解决自动驾驶汽车交通事故责任归属与损失补偿问题。受害人就其财产损失的补偿不得不另寻他法，既增加索赔成本，也极易造成规则适用的混乱。最后，该制度的适用在客观上可能会导致制造商脱责。制造商企业责任基金以制造商为资金来源，以体现制造商对事故责任的承担。在利益驱动下，制造商会将该部分资金计入车辆购买价格，[1]使消费者成为最终责

〔1〕 Kenneth S. Abraham and Robert L. Rabin, "Automated Vehicles and Manufacturer Responsibility for Accidents: A New Legal Regime for a New Era", *Virginia Law Review*, 105 (2019).

任人。

制造商企业责任以4级或5级自动驾驶汽车占注册车辆的25%为激活条件。而自动驾驶汽车发展到4级或5级并达到如此保有量则还有很长的路要走。在此之前，传统侵权法律体系将对所有类型的事故继续有效。这就忽略了自动驾驶产业发展初期对责任规则和保险制度的特殊需求。因而，即便该制度持续完善也难解燃眉之急。

3. 交强险继续适用理据充分

肯定交强险与自动驾驶汽车的适配性：一是因为产品责任险等替代方案短板突出，无力接替交强险实现风险分散与损失补偿。二则是因为交强险本身具有适用优势。通过解释论路径，可以使交强险适用范围涵射自动驾驶汽车，维持制度稳定性。并且，在自动驾驶时代继续适用交强险也符合促进技术发展与受害人保护的政策导向。

自动驾驶汽车属于交强险的适格被保险车辆。依据我国《道路交通安全法》的规定，机动车是指以动力装置驱动或者牵引，上道路行驶的供人员乘用或者用于运送物品以及进行工程专项作业的轮式车辆。自动驾驶汽车无论发展到哪一阶段、属于哪一等级，都无法超出机动车范畴，只是与传统机动车存在本质区别——自动驾驶系统。详言之，由系统实现危险最小化状态[1]是区分法律意义上的自动驾驶汽车与传统机动车的标准之一。所以，自动驾驶汽车本质上仍是机动车。对其适用交强险有《道路交通安全法》《交强险条例》作为依据，不因自动驾驶技术的发展而改变。

交强险符合自动驾驶技术发展下保险方案构建的政策导向，

---

〔1〕 于海纯、吴秀：《自动驾驶汽车交通事故责任强制保险制度研究——一元投保主体下之二元赔付体系》，载《保险研究》2020年第8期。

即既要促进智能汽车技术的发展，又不能削弱对交通事故受害人的保护。[1]一方面，交强险在责任限额内赔偿受害人损失，可以减轻被保险人的责任负担。这有助于提升消费者对自动驾驶的接受程度和消费需求，为自动驾驶技术创新性发展提供源动力。另一方面，交强险以受害人保护为政策目标，在此间一直发挥着举足轻重的作用。在世界范围内，交强险的立法模式大致可被分为两种：第三方责任保险和无过错第一方保险。从形式上看，我国交强险制度无疑属于第三方责任保险，但详细审视又不难发现其中混杂着无过错第一方保险的特质。其一，责任保险是与侵权责任挂钩的保险模式，其保险金的给付以侵权责任的确定为条件。而交强险提供损害填补的条件与免责范围都有特别规定，并不以侵权责任的成立为前提。[2]其二，责任保险人的给付一般被视为加害人侵权损害赔偿的一部分[3]，可以用于抵扣加害人的侵权责任。但交强险中，保险人的给付并无此功能。交强险这种与侵权责任的脱钩正是无过错第一方保险最显著的优势之一。因此，我国交强险被认为采用的是修正的责任保险模式。交强险之所以要在传统责任保险的基础上吸收无过错第一方保险的优势作出如此修正，正是为了给事故受害人提供更迅速、更充分的保障。

（二）交强险适用于自动驾驶汽车：内生缺陷和外在挑战

虽然将交强险制度适用于自动驾驶汽车有其合理依据，不能为劣势明显的产品责任险或制造商企业责任所取代。但不可

〔1〕 邢海宝：《智能汽车对保险的影响：挑战与回应》，载《法律科学（西北政法大学学报）》2019 年第 6 期。

〔2〕 马宁：《中国交强险立法的完善：保险模式选择与规范调适》，载《清华法学》2019 年第 5 期。

〔3〕 张力毅：《比较、定位与出路：论我国交强险的立法模式——写在〈交强险条例〉出台 15 周年之际》，载《保险研究》2021 年第 1 期。

否认的是，当前的交强险制度与自动驾驶汽车并非全然适配。换言之，交强险在自动驾驶时代的正常运转仍面临一些障碍。这些障碍一部分源于交强险制度的内生缺陷，另一部分则源于自动驾驶技术给交强险带来的外在挑战。

1. 我国交强险制度的内生缺陷

依据《交强险条例》之规定，交强险的责任限额分为死亡伤残赔偿限额、医疗费用赔偿限额、财产损失赔偿限额以及被保险人在道路交通事故中无责任的赔偿限额。责任限额是保险人对每次保险事故所有受害人的人身伤亡和财产损失所承担的最高赔偿金额。由此可见，我国交强险实行事故分项限额制的赔付方式。相比于受害人概括限额制、受害人分项限额制与事故概括限额制，事故分项限额制对受害人的保护力度最低。因为当交通事故存在多个受害人时，他们将被迫共享本就极为有限的责任限额，进而使得一个事故中的受害人越多，个人保障程度就越低。〔1〕但是，受害人数量的多少一般与交通事故的严重程度直接挂钩。事故越严重获得的保险赔偿却越少，这既不符合公众的合理期待，也不符合法律的公平原则。

此外，我国交强险责任限额还存在分项限额额度不均衡〔2〕的问题。依据《交强险条款》的规定，死亡伤残赔偿限额为180 000元，医疗费用赔偿限额为18 000元，财产损失赔偿限额为2000元；在被保险人无责情形下则分别为18 000元、1800元、100元。在交通事故中，受害人受伤的概率远大于死亡和残疾，受害人损失主要集中在医疗费用上。因此，当前的医疗费

〔1〕 马宁：《中国交强险立法的完善：保险模式选择与规范调适》，载《清华法学》2019年第5期。

〔2〕 张龙：《自动驾驶背景下“交强险”制度的应世变革》，载《河北法学》2018年第10期。

用限额并不符合实际需要。另外，医疗费用赔偿的内容包括医药费，诊疗费，住院费，住院伙食补助费，必要的、合理的后续治疗费，整容费，营养费。项目之多令当前医疗费用赔偿限额捉襟见肘。在此情形下，大量受害人不得不回归侵权责任路径，就超出医疗费用赔偿限额的损失向加害人索要赔偿。这不仅会限制交强险功能的发挥，不利于实现受害人保护的政策目标，甚至还可能对被保险人一方产生“宁死毋伤”的恶意行为激励。

2. 我国交强险制度的外在挑战

(1) 投保主体单一。根据我国现行法律的规定，交强险的投保人为车辆所有人或管理人。但随着自动驾驶时代的临近，风险场景变化与事故责任转移已得到广泛承认，学界对所有人或管理人承担投保义务颇有微词。对此有学者提出，从交强险理论上看，投保人早已实现了与责任人的分离。[1]所以，事故责任主体的变化无法动摇车辆所有人或管理人交强险单一投保主体的地位。事实上，交强险确定投保主体的理论依据主要是危险控制理论及保险利益原则。[2]自动驾驶时代交强险投保主体的确定也应从基础理论出发，关切投保主体确定对自动驾驶发展前景的影响。

其一，自动驾驶汽车交强险仅由汽车所有人或管理人投保不符合危险控制理论和保险利益原则。在传统机动车中，汽车的动态运行由人类驾驶员全权控制。交通事故是否发生、严重程度等与人类驾驶行为、安全意识等息息相关。此时，由汽车

---

〔1〕 韩旭至：《自动驾驶事故的侵权责任构造——兼论自动驾驶的三层保险结构》，载《上海大学学报（社会科学版）》2019 年第 2 期。

〔2〕 于海纯、吴秀：《自动驾驶汽车交通事故责任强制保险制度研究——一元投保主体下之二元赔付体系》，载《保险研究》2020 年第 8 期。

所有人或管理人单独承担交强险投保义务符合危险控制理论的要求。但在自动驾驶系统接管车辆时，危险控制的实现主要依靠注入生产者智慧的自动驾驶系统，与生产者密切相关。交通事故的责任也多由生产者承担，生产者具有保险利益。因此，支撑汽车所有人或管理人作为交强险唯一投保人的理论基础已经动摇。

其二，仅由汽车所有人或管理人投保不利于自动驾驶汽车的技术进步与推广应用。当前，自动驾驶技术正处于发展期，传统机动车与自动驾驶汽车并存的过渡期将持续相当长一段时间。消费者对自动驾驶汽车的安全性、可靠性缺乏信任。若再由消费者完全承担投保义务，则会令其产生替他人担责的想法，抑制其对自动驾驶汽车的购买欲望。当前，自动驾驶汽车交通事故侵权责任承担的法律规定尚不明晰，汽车生产者承担产品责任的条件又较为严苛，生产者行为约束不足。若投保义务完全由汽车所有人或管理人承担，难以促进生产者等主体积极改进技术、提高自动驾驶安全性。

（2）受害人范围狭窄。根据《交强险条例》的规定，受害人仅限于本车人员、被保险人以外的受害人，不包括本车驾驶员与车上乘客。若要使车内人员享有保险保障，还需另行购买商业保险。在传统机动车交通事故中，将驾驶员从承保范围中排除是为了遵循“侵权人不能侵权自身”的侵权法原理。同时，承保本车驾驶员的损失会增加道德风险，诱发骗保现象。而对于车上乘客来说，其选择乘车无非是基于与驾驶员的人身关系或合同关系。二者均可体现出乘客对驾驶员存在信任，对驾驶员行为和乘车风险具有一定认知。故乘客的乘车行为本质上可被看作一种自甘风险行为，无需他人对其损失承担侵权责任，自然也就没有必要将其纳入受害人范围。

但是，在自动驾驶情形下，车上人员与车外人员逐渐同质化。对二者给予区别对待既无益于社会公平，也无法使交强险受害人保护的政策目标得到贯彻落实。况且，车上人员也可能因为无人驾驶系统功利主义的算法选择而成为事故的受害人，没有理由让其为产品缺陷导致的交通事故买单。[1]可见，在自动驾驶汽车的冲击下，当前交强险存在由受害人范围过于狭窄导致的保护不足问题。交强险要想适应自动驾驶时代，就必须对此加以调整和修正。

（3）保险人追偿权行使事由不再适宜。依据《交强险条例》第22条、《交强险条款》第9条以及《最高人民法院关于审理道路交通事故损害赔偿案件适用法律若干问题的解释》第15条的规定，交强险保险人在五种情形下享有对其在责任限额内垫付的抢救费用的追偿权。具体包括：驾驶人无证驾驶、醉酒驾驶、吸毒或麻醉驾驶、盗抢人肇事、被保险人故意制造交通事故。以上五种追偿权行使事由均基于人类驾驶员对机动车的驾驶权与控制权。但是，在自动驾驶系统接管驾驶任务的情境下，人类驾驶员有无驾驶资格、是否醉酒或服用精神药品与麻醉药品、身份为何均与汽车的安全运行关系不大。在完全自动驾驶汽车中，驾驶行为全程由系统程序和算法完成，人类甚至连故意制造交通事故都无从下手。易言之，现行法律规定的这些追偿情形在自动驾驶背景下或很难形成，或对交通事故发生影响不大，以之作为交强险保险人追偿权的行使事由易使追偿权空置，加重保险人负担。

另外，在上述追偿权行使事由中，被追偿对象为驾驶人、盗抢人或作为被保险人的车辆所有人、管理人。这些主体在自

---

〔1〕沈雨岑、郑仁荣：《AI时代下无人驾驶汽车交强险制度设计——兼评无人驾驶事故侵权责任归属》，载《广西警察学院学报》2021年第3期。

动驾驶模式下对保险事故的发生很少存在过错，保险人对其追偿缺乏责任基础。而且，自动驾驶汽车引发责任转移已为学界公认。此时不积极探寻责任转入方身份并将其同等程度过错行为作为追偿事由，难与责任转移的现实相适应。所以，交强险当前的追偿事由在自动驾驶背景下无论从追偿权人角度来讲抑或是从追偿对象角度来讲均不再适宜。

二、自动驾驶汽车承继传统商业险制度的困境

自动驾驶汽车已成为当今科技领域的一项革命性突破，其不仅预示着未来交通系统的演变趋势，更象征着智能化、高效化交通新时代的来临。这类车辆借助先进的激光雷达、高清摄像头、精密传感器等尖端设备，能够全面感知并理解其运行环境，实现无人驾驶的自主行驶，彻底摒弃了对人为操作的依赖。这种转变不仅显著提升了行车的安全性、大幅降低了交通事故的发生率，还极大地缓解了交通拥堵现象，提高了道路资源的利用效率。随着自动驾驶技术的日新月异，人们将能够更加信赖并依赖自动驾驶汽车，从而享受到更加便捷、舒适且高效的出行服务。除此之外，自动驾驶汽车的广泛应用还将为交通系统带来诸多附加优势，如提升交通整体运行效率、实现能源资源的节约利用，以及显著减少环境污染，为可持续城市的构建和发展贡献积极力量。汽车商业保险作为与汽车产业紧密相连的重要组成部分，其发展不仅为保险行业注入了创新活力，还为汽车产业提供了坚实的风险保障，为汽车市场的稳定、健康发展提供了有力支撑。通过不断完善和拓展汽车商业保险的服务范畴和保障能力，有望使其在促进汽车产业与保险行业协同发展中发挥更加重要的作用。然而，汽车“司机”从人类向人工智能系统转变带来的责任模型转变，必然会给当前的汽车保

险模型提出新的诉求。[1]承继传统汽车商业险可能会给自动驾驶汽车交通事故处理带来新的困境。

（一）自动驾驶汽车事故风险致害可能

自动驾驶汽车交通事故的发生，其背后潜藏的原因可能相当复杂且多元化。客观上，这些因素可能包括但不限于技术设计的疏漏、传感器的失效、软件编程的错误、极端天气的影响、路况的不良状态，以及其他特殊情况等。尽管自动驾驶技术在提高道路安全性方面已显示出了显著的潜力，但仍需不断地优化和改进，以最大限度地降低事故风险。从主观视角出发，自动驾驶汽车事故的风险还可能来源于网络攻击，如系统被非法入侵、恶意软件的传播等。这些潜在威胁同样不容忽视，因为它们可能对自动驾驶系统的正常运行造成干扰，甚至导致系统失效。无论是客观环境因素还是主观网络攻击，自动驾驶汽车事故的核心原因往往与其产品的内在安全性密切相关。相较于人为驾驶中的错误和失误，自动驾驶系统本身的稳定性、可靠性和安全性才是决定事故风险高低的关键因素。

因此，对自动驾驶技术的持续深入研究和优化升级具有极其重要的意义。这不仅直接关系到每一次出行的安全，更是决定未来智能交通系统能否实现广泛而可靠应用的核心要素。相较于自动驾驶，传统手动驾驶事故风险主要源自驾驶人的不当行为，而由车辆本身问题引起的事故仅占少数。这些问题往往也可归因于驾驶人或车辆所有者未履行必要的车辆机能检查义务。在传统驾驶方式中，驾驶人的因素始终是事故发生的最大不确定因素。

自动驾驶技术的出现能够显著减少因驾驶行为不当等人为

---

〔1〕曹建峰、张嫣红：《〈英国自动与电动汽车法案〉评述：自动驾驶汽车保险和责任规则的革新》，载《信息安全与通信保密》2018 年第 10 期。

因素导致的交通事故发生数量，原因在于人工智能系统能在很大程度上避免由人体生理问题引发的错误驾驶。这一变革不仅为保险公司减轻了经济压力，还为其提供了推出保费更低、保障更全面的自动汽车商业保险的契机。这类保险将涵盖车上险、第三者责任险、车辆损失险等所有与致害后果相关的商业保险种类，既能激励生产商积极购买商业保险，从而减轻在事故发生时可能承担的赔付责任，又能简化理赔流程，实现“一单多赔”的便捷服务。这一转变不仅显著提升了交通安全性，还促进了保险行业的创新与发展，进一步推动了整个社会的进步。

（二）传统车辆商业险承继难题

目前，我国汽车商业保险的种类十分丰富，包括车辆损失险、第三者责任险、车上人员责任险、全车盗抢险、玻璃单独破碎险、自然损失险以及不计免赔险等多元化选择。保险公司在制定具体的保险方案时，会全面考虑被保险车辆的价值、使用状况以及车主的个性化需求。这一传统的汽车商业保险体系，其核心是汽车所有者，由汽车所有者作为投保人承担一定的保险成本，旨在为汽车所有者面临的潜在可能事故带来的经济损失提供保障。然而，随着自动驾驶技术的日新月异，手动驾驶与自动驾驶汽车事故成因的差异日益明显。若在自动驾驶汽车保险领域继续沿用传统的汽车商业保险制度，可能会陷入理论困境并面临实践风险。因此，对现有保险制度进行改革显得尤为必要，以适应自动驾驶技术的发展趋势，确保保险制度能够发挥应有作用，为汽车所有者提供更加全面、有效的风险保障。

随着智能科技的飞速发展，自动驾驶汽车技术逐渐走向成熟，极大地丰富了人们的交通出行方式，并为其带来了前所未有的便利。然而，在这一技术革新的浪潮中，也不得不面临一个严峻的问题：当自动驾驶汽车遭遇交通事故时，原有的机动车交通事故归责原则是否仍然适用？答案显然是否定的。以网络攻击为例，自动驾驶的智能系统一旦受到黑客或其他不法分子的非法侵入，设计者或生产者便可能失去对终端汽车的掌控。在这种情境下，系统的入侵者实际上成了决定事故是否发生的关键因素，他们手中掌握着车上所有乘客的安危。因此，不能简单地将责任归咎于自动驾驶系统的设计者、运营维护者或生产者，因为他们同样面临着外部侵害的风险。事实上，无论是自动驾驶系统的设计者、运营维护者还是生产者，他们都负有一定的安全义务，即确保驾驶系统免受外部侵害。这意味着，当系统受到外界侵入时，这些相关方必然存在相应的过错。在这种情况下，需要重新审视并调整现有的归责原则，以更全面地评估各方在自动驾驶汽车交通事故中的责任。由此可见，自动驾驶汽车技术的发展虽然带来了便利，但也带来了新的挑战。需要通过严谨的法律制度和科技手段确保自动驾驶汽车的安全性和可靠性，从而保障人民群众的生命财产安全。

从这个角度来看，如果此时固守原有的汽车商业保险制度，仍然要求汽车所有权人承担商业险的所有保险费用，无疑是要求汽车所有权人为生产设计方的过错买单。依照保险理论的一般原理，应当由设计者、运营维护者和生产者承担保险成本为宜。然而，在实践过程中，自动驾驶汽车交通事故的致损受害人往往难以准确界定事故发生的具体原因，自动驾驶汽车精密的内部构造和科技控制属性会导致侵权行为本身的过错或不法性难以判断，行为的可谴责性难以证实，因果关系的断定也异常困难。〔1〕交通管理部门也缺乏对自动驾驶的智能系统设计生产的知识储备与检测技术，给事故当事人带来侵权主体界定困

〔1〕 马晓臣：《自动驾驶汽车交通事故侵权责任分配的困境及其缓和——以三层保险结构的架构为例》，载《交通节能与环保》2019 年第 6 期。

难以及举证责任履行不能的现实问题。

随着科技的飞速发展和社会的持续进步，传统的汽车保险体系已经逐渐暴露出与自动驾驶汽车发展不相适应的问题。若不进行创新与改革，将难以应对由此产生的新型事故及其相关的法律问题。自动驾驶技术的出现，不仅代表着汽车行业的革新，更对现有的保险制度提出了严峻的挑战。首先，自动驾驶技术的发展潜力巨大，有望大幅度降低事故发生的概率。这是因为自动驾驶汽车通过先进的传感器、算法和通信技术，能够实现对周围环境的精确感知和快速响应，从而有效减少人为驾驶中可能出现的疏忽和错误。如果事故率得以显著降低，那么相应的保险索赔数量和金额也可能会大幅下降，这对保险公司来说可以减轻巨大的经济压力。因此，可以预见，保险公司将会对自动驾驶汽车的保险费率进行重新评估和调整。其次，自动驾驶汽车事故发生的成因与传统汽车事故存在显著差异，这也促使了投保主体身份的转变。在自动驾驶模式下，驾驶员的角色可能会从主导者转变为监督者，甚至在某些情况下完全脱离驾驶任务。这意味着，当事故发生时，责任归属可能会变得更加复杂，涉及汽车制造商、技术提供商、车主等多个主体。因此，车辆保险制度必须适应这一变化，重新考虑和定义各方的责任与权益。

综上所述，自动驾驶汽车的兴起将对车辆保险制度产生深远的影响。为了应对这一变革，保险公司、政府和相关行业必须共同努力，推动保险制度的创新与完善，以确保自动驾驶汽车能够在安全、合规的环境中得到广泛应用。

(三) 产品责任险代替汽车保险现实之困

当自动驾驶汽车系统降低事故发生的概率时，由驾驶员行为引起的事故可能性也会减少。因此，当发生事故时，应该更多地将责任和问责放在自动驾驶汽车产品本身上。[1]有观点提议，应当摒弃当前的交强险与商业险体系，转而采纳一种纯粹的产品责任险模式来代替当前的车辆保险制度。这一提议并非无的放矢，而是基于自动驾驶汽车这一新兴技术领域的考量。对于自动驾驶汽车而言，引入产品责任险不仅可行，而且十分必要。产品责任险是一种专为制造商或销售商在其生产或销售的产品因缺陷或其他原因导致用户或第三方遭受损害或伤害时提供的保险保障。鉴于自动驾驶汽车技术的复杂性和潜在风险，如技术故障、传感器失误或软件漏洞等，都可能导致不可预见的意外事故。因此，为自动驾驶汽车设立产品责任险，既是对制造商和销售商的一种合理保护，也是对消费者权益的有力维护。产品责任险的引入，还可以带来一系列积极的影响。例如，它可以促使制造商更加注重产品的质量和安全性，因为一旦产品出现问题，他们将需要承担相应的经济赔偿责任。同时，对于消费者而言，这种保险制度也能为他们提供更加全面和有效的保障，减轻他们在使用自动驾驶汽车时可能面临的风险和损失。由此看来，以产品责任险替代现行的车辆保险制度的观点，不仅符合自动驾驶汽车的技术特性和风险特征，而且有助于促进制造商的产品质量提升和消费者权益保护。当然，这一变革的实施还需要进一步的政策研究和制度设计，以确保其在实际操作中能够达到预期的效果。现行交强险与机动车商业险遵循的是过错赔偿的底层逻辑。[2]随着自动驾驶汽车技术的逐渐成熟和普及，未来的道路交通将发生根本性的变革。在这一变革

〔1〕 汪信君：《自驾车时代汽车责任保险之应有风貌》，载《月旦法学杂志》2019年第5期。

〔2〕 郑志峰：《论自动驾驶汽车的责任保险》，载《荆楚法学》2022年第5期。

中，驾驶行为将逐渐减少甚至消失，因为用户将无需再手动控制车辆的行驶。这种转变给驾驶过错的定义和应用带来了深远的影响。由于驾驶行为的减少，驾驶过错这一概念在自动驾驶环境中将变得不再适用。因此，当自动驾驶汽车涉及交通事故时，如何确定机动车一方的责任将变得尤为重要。传统的交强险和机动车商业险在自动驾驶环境下可能无法顺利适用，因为这些保险体系是基于人为驾驶行为设计的。这无疑给现有的保险体系带来了新的挑战和机遇。为了确保自动驾驶汽车的合法运行和保障交通安全，需要重新审视并调整现有的法律法规和保险制度。这包括制定适用于自动驾驶汽车的交通法规，明确各方责任和义务。同时，也需要开发适应自动驾驶环境的保险产品，以应对技术变革带来的新情况。自动驾驶汽车的技术和软件是其安全性和性能表现的核心。自动驾驶的实现高度依赖于精密的传感器、高效的计算机系统和先进的算法。这些技术的稳定性和安全性直接关系到自动驾驶汽车的行驶安全。一旦出现技术故障或算法错误便可能会导致不可预测的严重事故和巨大损失。因此，保险公司在评估自动驾驶汽车的风险时，必须全面考量这些技术因素，并承担起相应的技术风险。这种做法与产品责任险的保险原则高度契合。产品责任险是一种保险产品，旨在保护制造商和销售商因产品缺陷或技术故障导致的损失。在自动驾驶汽车领域，保险公司需要对因技术故障或算法错误导致的损失进行赔偿。基于以上分析，应当建立全新的产品责任保险制度，以适应自动驾驶汽车的发展。这一制度将综合考虑技术因素、风险评估和赔偿机制，确保自动驾驶汽车的合法运行和交通安全。同时，这也将促进保险公司和汽车制造商之间的合作，共同推动自动驾驶汽车技术的创新和发展。

尽管以产品责任险代替传统车辆保险制度的观点在理论上

具有一定的合理性，但在当前的实践环境中，其适用性却值得商榷。任何制度体系的建立，其核心目的都应当是解决和预防实际存在的问题，若其脱离了这一核心目的，那么该制度便将失去其存在和运转的基础。产品责任保险，其承保的核心是产品可能引发的对他人的财产损害或人身伤害风险，其保障的对象为制造或能影响产品责任事故发生的各方。然而，在自动驾驶汽车领域，面临一个关键的问题：交通事故的发生是否完全源于自动驾驶汽车作为产品本身的风险。重要的一点是，自动驾驶汽车的智能水平在短期内还难以达到最高级别。尽管科技在快速发展，但自动驾驶技术尚未达到可以完全替代手动驾驶的程度。尽管自动驾驶系统在某些方面表现出色，但在复杂环境下的识别和应对能力，以及对人类行为模式的预测等方面仍存在诸多挑战和局限性。因此，即便技术不断进步，自动驾驶的性能有望进一步提升，但在目前阶段，人类驾驶者的干预和控制仍然是必要的。此外，即便自动驾驶技术达到了智能化的巅峰，也无法完全消除人类对汽车驾驶的需求。驾驶人对汽车行驶过程中的影响是无法被完全消除的。因此，将可能发生的事故责任完全归咎于自动驾驶汽车的生产者，从实际应用的角度出发，显得过于理想化。总的来说，虽然该观点在理论层面有其合理性，但在当前的实际应用中，需要更加审慎地考虑其适用性。自动驾驶汽车的发展仍然需要人类驾驶者的参与和干预。因此，事故责任的归属不能简单地归咎于生产者。这样的制度设计，才能更加符合当前的实践需求，也才能为自动驾驶汽车的健康发展提供有力的制度保障。

强制保险是对受害人最为有利的保护，[1]在探讨自动驾驶

---

〔1〕冯洁语：《人工智能技术与责任法的变迁——以自动驾驶技术为考察》，载《比较法研究》2018年第2期。

汽车的保险制度时，必须全面而深入地理解其特性和潜在风险。在自动驾驶汽车领域，不能简单地摒弃交强险制度，而是应当在其基础上进行必要的完善。交强险作为一种法定保险，其目的在于为车辆在道路上行驶时可能引发的意外事故提供经济保障，确保事故受害人得到及时、有效的赔偿。这对于自动驾驶汽车来说同样至关重要。自动驾驶汽车虽然具有更高的安全性和稳定性，但仍然存在发生故障或失误的可能。在缺乏交强险的情况下，如果自动驾驶汽车发生事故，可能会引发一系列复杂的法律和经济问题。因此，不能冒险抛弃交强险制度，而应当通过完善它来更好地保障自动驾驶汽车事故发生时受害人能够得到安全与可靠的救济。同时，也应当明确的一点是，仅仅依赖交强险可能无法满足自动驾驶汽车的所有保险需求。因此，在保证交强险对事故受害人提供充分救济的基础上，可以增加补充性商业保险。这些商业保险可以根据自动驾驶汽车的具体情况和需求进行定制，提供更全面、更灵活的保障。例如，可以设立针对自动驾驶汽车特定风险的保险产品，如网络安全风险、软件故障风险等。总之，自动驾驶汽车的保险制度需要在保障事故受害人权益的同时充分考虑自动驾驶汽车的特性和风险。通过完善交强险制度并增加补充性商业保险，可以为自动驾驶汽车的推广和应用提供更加坚实的风险保障。

三、自动驾驶汽车保险的三层保险体系构成

在车辆保险体系中，交强险与商业险无疑是两大不可或缺的支柱。它们在适用时遵循着一种明确且严谨的先后顺序：首先，车主必须购置交强险，以确保基础的法律责任覆盖。随后，车主可以选择性地补充商业险，以实现对车辆更全面的保障。交强险，作为一种由法律明文规定的强制性保险，其核心职责

在于为因交通事故造成的第三方人身伤亡及财产损失提供赔偿。这种险种的存在，不仅是对车主个人责任的保障，更是对社会公共安全的有力维护。而商业险，则通过一系列精心设计的险种，如车上人员责任险、车辆损失险、第三者责任险等，为投保人提供了更加细致、全面的车辆保障。这些险种不仅覆盖了车辆自身的损失，还扩展到了对第三方的赔偿，以及车上人员的人身安全。在实际的理赔流程中，这一先后顺序得到了进一步体现。理赔款项的支付，始终坚持交强险先行赔付的原则，只有当交强险的赔偿不足以覆盖损失时，商业险才会作为补充进行赔付。这种机制确保了无论是车主还是第三方，在遭遇交通事故时都能得到及时、有效的权益保障。随着自动驾驶技术的快速发展，自动驾驶汽车保险理赔规则也应与时俱进。在继承传统保险理赔机制的基础上，应当增设产品责任险，形成“交强险-产品责任险-车主商业险”三层保险体系。这一新的制度将更好地适应自动驾驶汽车的特点，为车主和第三方提供更加完善、高效的保障。

（一）交强险

交强险，全称为机动车交通事故责任强制保险，是我国法律规定的机动车车主必须购买的一种特殊保险。其核心宗旨在于，当机动车辆发生交通事故，导致第三方遭受人身伤亡或财产损失时，能够提供及时的经济赔偿。根据我国的相关法律条文，任何机动车辆在公共道路上行驶前，都必须确保已经购买了交强险，这是确保道路交通安全、维护社会和谐稳定的重要一环。

交强险的赔付范围主要限定于对他人造成的损害，这包括但不限于第三方的人身伤亡和财产损失。值得注意的是，交强险并不涵盖车主自身可能遭受的人身伤害或车辆损失。这一特点使得交强险在保险体系中占据了一个独特的位置，它不仅仅是一种商业行为，更具有一定的社会属性，体现了国家对道路交通安全的重视和对公民生命财产安全的保护。在自动驾驶技术日益成熟的今天，建设一个完善的自动驾驶智能网络仍然面临着诸多挑战。尽管科技在不断发展，但如何确保在自动驾驶汽车发生事故时能够有效地保障事故受害人的合法权益仍然是一个亟待解决的问题。在这样的背景下，保留交强险的必要性显得尤为突出。未来，随着自动驾驶汽车的普及，交强险或许需要在原有的基础上进行一定的革新。例如，可能需要对保险条款进行更新，以适应自动驾驶汽车特有的事故形态和赔偿需求。然而，无论技术如何发展，交强险作为自动驾驶汽车交通事故保险赔付体系的核心地位都不应被撼动。通过不断完善和创新，可以期待交强险在保障道路交通安全、维护社会和谐稳定方面发挥更大的作用。

有学者认为，在自动驾驶技术参与道路交通时，可以考虑增加汽车生产者或销售者为投保主体。[1]笔者赞同这种观点，从投保人的角度来看，构建一个二元投保体系显得尤为重要。在保留车辆所有人作为投保人的基础上，有必要将汽车生产者引入为共同投保人，共同承担保险成本。这样的安排不仅合理，而且必要。从汽车所有人的角度出发，虽然在自动驾驶模式下，他们无需再像传统驾驶那样保持高度的注意力，但这并不意味着他们可以完全卸下所有的责任。在自动驾驶环境下，汽车所有人仍需承担起交通注意义务、车辆管理义务以及事故应对义务。这些义务在预防潜在危险、保障交通安全方面发挥着不可替代的作用。若汽车所有人未能充分履行上述义务，并因此导

〔1〕 张龙：《自动驾驶背景下“交强险”制度的应世变革》，载《河北法学》2018 年第 10 期。

致交通事故的发生，他们必须对事故的受害者承担侵权责任。这意味着在自动驾驶的情境下，汽车所有人仍然拥有保险利益，并具备投保交强险的强烈动机。他们需要通过投保交强险来确保在意外发生时，能够为受害者提供及时、充足的赔偿保障，从而有效减轻自身的经济负担和法律责任。由此可见，将汽车生产者或销售者纳入投保主体，构建二元投保体系，既符合自动驾驶技术发展的必然趋势，也符合道路交通安全管理的实际需求。这样的安排不仅能够更好地保障交通参与者的合法权益，还能推动自动驾驶技术的健康、可持续发展。简言之，尽管自动驾驶汽车经由系统实现危险最小化状态，可驾驶用户在汽车自动驾驶过程中驾驶注意义务将最低化，但基于政策选择和法律继承，车辆所有人或管理人没有过错的，其也可以作为责任主体，从而负有投保交强险的义务。〔1〕而从生产者的角度出发，自动驾驶汽车交通事故致损的原因多为“车”的系统风险，相较于车辆所有人，无论是基于其自身长远利益考虑，还是基于资金实力，生产者都具有更强的投保动力与投保能力。〔2〕实际上，让生产者参与交强险的投保过程，正是公平原则的生动体现。这不仅仅是为了确保消费者的权益，更是对生产者技术实力和产品质量的一种认可。通过此举，自动驾驶汽车系统被赋予了更高的法律地位和责任，进一步推动了自动驾驶技术的健康发展。至于保险费用的计算与划分，这是一个复杂而精细的过程。它依赖于自动驾驶汽车的智能等级，即智能化水平的高低。通常来说，智能化水平越高，自动驾驶汽车在面对复杂路

〔1〕于海纯、吴秀：《自动驾驶汽车交通事故责任强制保险制度研究——一元投保主体下之二元赔付体系》，载《保险研究》2020 年第 8 期。

〔2〕王春梅：《人机协同视域下中国自动驾驶汽车责任保险立法构设》，载《上海师范大学学报（哲学社会科学版）》2022 年第 3 期。

况和突发情况时越能够作出精准和快速的判断，从而降低出现风险的可能性。因此，相应的总保险费用也会随之下降。在这种情况下，如果发生了交通事故，由于自动驾驶汽车的高智能化水平，归责于驾驶人的可能性相对较低。这意味着，生产者应该承担更大比例的保费。这不仅是对生产者技术实力的一种认可，也是对其产品质量的一种保障。通过这样的制度安排，可以有效激励生产者不断提高自动驾驶汽车的技术水平和产品质量，从而为消费者提供更加安全、可靠的出行体验。

从保险赔付上，应将车上人员纳入保险赔付范围。现行制度将车上人员（乘客）排除在承保范围之外，有违法理与常理。并且，考虑到现阶段保险人的赔付能力与投保人对保费的承受力，未来的交强险至少也应转向受害人分项限额模式。〔1〕2018年，英国颁布了一项具有划时代意义的法案——AEV 法案。在这项法案中，有一个关键内容备受瞩目，那就是明确将自动驾驶汽车的车内人员纳入强制保险的救济范围。这一决策背后的深远意义在于，它为全面保护交通事故中的受害人提供了坚实的法律支撑。考虑到自动驾驶技术的特殊性和复杂性，这一法案的前瞻性和实用性尤为突出。自动驾驶汽车作为新生事物，其法律地位和责任归属一直是业界和学术界关注的焦点。英国通过这一法案，不仅为自动驾驶汽车的合法上路提供了法律依据，更为在交通事故发生时如何保障车内人员的权益提供了明确的路径。我国作为自动驾驶技术发展的重要力量，应当充分借鉴英国的经验，深入研究并考虑扩大交强险的受害人范围。在自动驾驶技术逐渐普及的背景下，这样的改革将更具现实意义。通过扩大交强险的覆盖范围，可以更好地发挥其在基础保

〔1〕 马宁：《因应自动驾驶汽车致损风险的保险机制》，载《华东政法大学学报》2022 年第 1 期。

障方面的功能，确保在自动驾驶汽车发生交通事故时，车上人员能够得到及时、有效的保障和赔偿。此举不仅符合自动驾驶技术的特点和发展趋势，也是符合实际保障需求的明智选择。通过法律的引导和规范，可以更好地应对自动驾驶技术带来的挑战，同时也为未来的交通出行提供更加安全、可靠的保障。

（二）产品责任险

对受害人高效率的救济对于整个智能汽车产业发展具有保驾护航的作用。[1]将产品责任险作为自动驾驶汽车保险制度体系第二层，更加符合自动驾驶汽车的产品性质，同时也是对受害人提供高效率救济的有力补充。产品责任险本质上是一种商业保险，旨在保护制造商、供应商、零售商等能够妥善应对在其销售的产品或服务可能导致人身伤害或财产损失时所面临的潜在法律责任。这种保险可以帮助公司支付因产品缺陷或设计问题而导致的索赔、诉讼费用、赔偿金等。产品责任险通常包括产品召回费用、法律费用、财产损失、人身伤害等方面的保障。在构建自动驾驶汽车保险制度体系时，将产品责任险作为第二层次的保障措施，不仅与自动驾驶汽车的产品特性高度契合，而且为受害人提供了高效且全面的救济途径。此举在现行汽车保险制度的基础上实现了创新和完善、满足了自动驾驶技术在发展中对于保险赔偿的新需求。

在自动驾驶汽车领域，产品责任险的覆盖范围十分广泛，包括由产品设计缺陷导致的意外事故、由软件错误引发的车辆故障、由系统失灵造成的交通事故等。此外，它还包括了因产品召回所产生的费用、法律诉讼费用、第三方财产损失赔偿、人身伤害赔偿等多个方面。这种全面的保障，不仅为自动驾驶

〔1〕张祖阳、樊启荣：《论我国智能汽车产品责任强制保险的制度构建》，载《江汉论坛》2023年第7期。

汽车的生产商和供应商提供了风险分散的途径，也为消费者和公众提供了更加坚实的权益保障。将产品责任险纳入自动驾驶汽车保险制度体系的第二层，不仅能够更好地应对自动驾驶汽车带来的新型风险，还能够为受害人提供更加快速、高效和全面的救济。这既体现了对自动驾驶技术发展的深思熟虑，也展示了保险行业在应对新技术挑战时的创新能力和社会责任感。

尽管从单纯从服务的角度看，购买自动驾驶汽车的消费者实际上是在购买一项搭载智能系统的电子司机服务。在此过程中，并不需要突破现有的交强险和商业险制度框架，进行过度的区分。但在实际操作中，智能科技对人力驾驶的逐渐取代已经悄然改变了车主在使用自动驾驶汽车时的传统角色定位。自动驾驶时代，驾驶的职责已经从车主转移到了汽车的生产者或系统管理方，而汽车的使用者则更多地扮演着乘客的角色。这在一定程度上削弱了“车主”身份的实质意义，使他们更接近于汽车保有者的概念。因此，在这种情况下，不应再僵化地要求汽车保有人按照传统的保险体系独自承担全部汽车保险责任。相反，投保主体应当适度向汽车生产方倾斜。在高度自动化的驾驶过程中，驾驶者或保有人对车辆的控制和驾驶能力被大大削弱。因此，在交通事故中，他们所应承担的驾驶责任也相应减少。这意味着，他们只需承担部分交强险，以匹配他们在事故中的实际责任。而作为自动驾驶汽车设计的最终负责人，生产者作为智能产品的集大成者，应当承担起事故发生时的首要责任。当保险费用由生产者承担后，一旦发生交通事故，保险人应首先承担赔偿责任。如果系统设计方面存在过失，应赋予保险公司向相关责任方追偿的权利。这样的调整不仅更加符合自动驾驶汽车时代的实际情况，还能更有效地保障消费者的权益，并推动自动驾驶技术的健康发展。

最新发布的《中国统计年鉴 2023》数据显示：2022 年全国范围内共发生了 256 409 起交通事故，其中汽车事故占据了主导地位，达到了 157 407 起。这些事故不仅造成了大量的人员伤亡，还带来了沉重的经济损失。具体而言，这些事故共导致 60 676人死亡，263 621 人受伤，直接财产损失高达 123 925.5 万元。而在汽车事故中，死亡人数达到了 42 012 人，受伤人数为 149 650 人，直接财产损失为 99 129.5 万元。从这些数据中，我们可以清晰地看到汽车事故在整个交通事故中的占比和影响。尽管汽车事故在总数中占据了 61.39%，但其所导致的死亡人数却占到了总死亡人数的 69.24%，直接财产损失更是高达 79.99%。这一事实凸显了汽车由于其高速度和大质量在发生事故时可能造成的严重后果。因此，商业保险在弥补交强险不足、保障事故损失方面显得尤为重要。传统汽车商业保险的存在，就是为了在交强险无法完全覆盖事故损失时为车主提供额外的保障。随着科技的发展，自动驾驶汽车逐渐走进了人们的生活。尽管其安全性相较于传统手动驾驶汽车有所提升，但事故风险依然存在，且其可能带来的损失往往远超其他交通工具。在这种背景下，产品责任险的重要性愈发凸显。一旦发生交通事故，特别是在没有产品责任险保障的情况下，车主可能面临巨额的赔偿费用。此时，如果交强险的赔偿金额不足以覆盖受害人的全部损失，那么最优的解决方案便是由生产者购买产品责任险，由保险人承担相应的事故赔偿责任。这样一来，事故当事人只需将事故情况告知生产者，由生产者负责后续的保险流程。同时，生产者也有能力确定事故发生的具体原因。如果生产者没有购买相应的商业保险，那么为了保障受害人得到及时救济，生产者应当直接承担赔偿责任。如果经过技术手段确定事故责任应归咎于设计者、运营维护者或是销售者（当生产与销售不是同一主体时），生产者有权向这些主体进行追偿。这意味着，在没有产品责任保险可以代赔的情况下，生产者、设计者、运营维护者、销售者需要共同承担不真正的连带责任。由此可见，汽车事故的高发和严重后果凸显了商业保险与产品责任险在风险管理和事故应对中的重要性。对于车主和受害者而言，这些保险不仅能够提供经济上的保障，还能在一定程度上减轻事故带来的心理负担。而对于生产者、设计者和销售者而言，积极购买相应的保险，不仅能够体现其社会责任感，还能有效规避可能面临的巨大经济风险。

立法者在做规则设计时，应着力维持受害人权益保护与促进自动驾驶技术进步两项公共政策之间的平衡。[1]总的来说，将生产者设定为产品责任险的投保主体更符合自动驾驶汽车的使用逻辑。从自动驾驶汽车实际使用的角度来看，汽车所有人只不过是出行的路程规划者与运行申请者，掌握控制智能网络与数据系统大权的生产设计者才是使用中的实际驾驶人。如果生产设计者对自己的“驾驶技术”有足够的信心，自信不会因产品问题产生预期发生的风险，那么其可以选择拒绝投保商业险，因为保险的目的本身就是规避和转移风险，如果风险不存在，那么保险也不存在。而对于自动驾驶汽车保有人来说，其并不掌控自动驾驶的信息原理以及运营规则，自然难以对预期风险作出准确判断，此时再要求其投保商业险、承担风险应对费用，无疑是提高其生活出行成本，降低其产品信心，也不利于自动驾驶行业的稳定长久发展。由生产者投保产品责任险作为对交通事故中交强险的补充，也是对受害人权益保护与自动驾驶技术进步之间政策平衡的良好回应。

---

〔1〕 马宁：《因应自动驾驶汽车致损风险的保险机制》，载《华东政法大学学报》2022 年第 1 期。

（三）车主商业险

对于车主在自动驾驶汽车的商业险领域是否还有投保必要，理论界尚存在分歧。但在交强险与产品责任险之后，增设车主商业险作为最终补充，能够更加全面地保护车主、车上人员以及第三者的合法权益。

一方面，高度自动驾驶尚不是无人驾驶，需要人类驾驶者的接管是其重要特征。[1]在高度自动驾驶系统中，驾驶者的角色和职责仍然有其作用。这是因为，尽管自动驾驶技术已经取得了显著的进步，但在某些情况下，车辆可能无法完全自主处理所有突发情况。因此，驾驶者必须保持高度的警觉性和专注力，以便在必要时能够迅速而准确地接管控制权。驾驶者在使用高度自动驾驶系统时，必须密切注意车辆的行驶状态以及任何可能的接管提示。这些提示可能是声音、视觉或触觉上的信号，用于指示驾驶者需要立即接管车辆的驾驶任务。驾驶者必须对这些提示保持敏感，并在第一时间作出反应。一旦发现车辆可能面临潜在的危险或自动驾驶系统无法应对的情况，驾驶者必须迅速而果断地接管控制权。这种及时的干预和接管是确保行车安全的关键。驾驶者必须能够准确地评估情况，并采取适当的措施来避免潜在的危险。这种密切的注意和及时的接管是驾驶者在高度自动驾驶系统中的基本职责。任何疏忽或延迟都可能构成过错，并可能对行车安全造成严重影响。因此，驾驶者在使用高度自动驾驶系统时，必须时刻保持警觉性和专注力。高度自动驾驶技术的初衷是减轻驾驶者的负担，提高行车的安全性和效率。然而，这并不意味着驾驶者可以完全免除对车辆的监控责任。即使在启用高度自动驾驶系统时，驾驶者也

〔1〕 韩旭至：《自动驾驶事故的侵权责任构造——兼论自动驾驶的三层保险结构》，载《上海大学学报（社会科学版）》2019年第2期。

仍需保持对车辆的一定控制，并随时准备采取紧急制动措施以应对突发状况。与辅助驾驶系统相似，即使是在启用定速巡航系统时，驾驶者也不能完全依赖技术来应对所有情况。驾驶者仍需保持对车辆的监控和控制能力，以便在必要时能够迅速采取行动。这种对车辆的控制能力不仅是驾驶者的责任，也是确保行车安全的关键。这样看来，在高度自动驾驶系统中，驾驶者仍然扮演着至关重要的角色。他们必须时刻保持高度的警觉性和专注力，以便在必要时能够迅速而准确地接管控制权。这种密切的注意和及时的接管是确保行车安全的基础，也是驾驶者在高度自动驾驶系统中的重要职责。

另一方面，自动驾驶汽车所面临的毁损和灭失风险并不完全源自交通事故。在现实生活中，当汽车遭受损害但并未涉及交通事故时，车主完全有权利向保险公司提出索赔请求。通常而言，只要车辆受损是由意外事件、自然灾害、盗窃或保险合同中明确列明的其他情况引起的，车主即具备向保险公司提交索赔申请的资格。在处理这些索赔申请时，保险公司会仔细审查车主所购买的保险种类及其相应的保险金额。这些审查将基于保险合同的具体条款和条件，以及车辆受损的具体情况。保险公司会评估损失的程度，并根据保险合同中的条款来决定是否给予赔偿。重要的是要指出，这些意外事件通常不涉及第三方或车内人员的人身伤害，亦不能归咎于自动驾驶汽车产品本身。因此，在这种情况下，通过产品责任归责原则来寻求救济的路径并不适用。这意味着，车主需要依赖保险机制来处理由非交通事故造成的车辆损失，而不是通过追究产品责任来寻求赔偿。此外，这些风险并不会因为传统驾驶技术的升级而消失。相反，随着自动驾驶汽车技术的不断发展和普及，其高昂的驾驶成本可能会进一步增加。这意味着，车主需要更加谨慎地选择适当的保险种类和保险金额，以应对可能发生的各种风险。同时，保险公司也需要不断完善保险产品和服务，以满足日益增长的自动驾驶汽车保险需求。

由此可见，车主为自动驾驶汽车购买商业险的决策显得尤为必要，这不仅是对潜在风险的应对策略，更是对自身权益的切实保障。在自动驾驶汽车的运营过程中，尽管其先进的科技设计旨在降低事故发生的概率，但人为错误、不可抗力因素以及潜在的恶意破坏等风险仍然无法完全避免。商业险作为一种有效的风险转移机制，能够在这些不可预见的情况下为车主提供及时的经济援助，减轻其经济负担。因此，为自动驾驶汽车购买商业险不仅不是无用之举，反而是一种具有前瞻性的明智选择。它体现了车主对自身权益的高度负责态度，也确保了车主在享受自动驾驶技术带来的便捷与高效的同时，能够在遭遇不测时得到及时而有效的支持。通过这一保险措施，车主能够在保障自身利益的同时，更加放心地享受先进技术带来的驾驶体验。尽管自动驾驶汽车在安全性能上具有较高的标准，但车主仍需对潜在风险保持清醒的认识，并采取适当的保险措施来确保自身利益不受损害。购买商业险正是实现这一目标的有效途径。

综上所述，自动驾驶汽车是汽车产业发展的战略方向，对传统汽车产业的现代化具有重要作用。自动驾驶汽车的发展需要保险制度的支持，但技术革新也对现有车险规则提出了变革要求。目前，立法对交强险的设计并未充分考虑自动驾驶汽车的特点，导致在适配性上存在争议。而在目前几种通说的自动驾驶汽车保险的替代方案里，包括产品责任险、制造商企业责任等方案存在风险分散能力弱、责任认定困难等问题。在交强险中，尽管存在挑战，交强险在自动驾驶汽车时代继续适用有其合理性，包括法律依据、促进技术发展与受害人保护的政策导向。交强险的内生缺陷和外在挑战包括责任限额的不均衡、投保主体单一、受害人范围狭窄以及保险人追偿权行使事由不再适宜等问题。在商业险中，自动驾驶技术的引入给传统汽车商业险制度带来了新的挑战，包括事故风险致害可能、传统车辆商业险承继难题等。基于以上难题，本书提出构建“交强险-产品责任险-车主商业险”三层级体系，以适应自动驾驶汽车的特点，提供更完善的保障。建议立法者在自动驾驶汽车领域平衡受害人权益保护与促进技术进步之间的关系，构建合理的保险制度。本书通过深入分析自动驾驶汽车保险面临的挑战和现有法律制度的不足提出了一系列改进建议，旨在为自动驾驶汽车的保险方案提供理论依据和实践指导。

第七章

自动驾驶汽车保险法律制度的构造

自动驾驶汽车对保险市场最深刻的影响是汽车驾驶性能提高所带来的业务生态改变。[1]因此，构建一个全面而完善的保险法律制度成了当前自动驾驶技术发展中不可或缺的一环。在现有保险制度体系的基础上进行修改、调试、扩充，构建自动驾驶汽车保险的“交强险-产品责任险-车主商业险”三层保险体系能较为全面地实现对自动驾驶汽车风险的全覆盖。

一、自动驾驶汽车的交强险

在自动驾驶时代，交强险仍将是维护道路交通安全和促进受害人保护的一线保障。为了使之正常运行并充分发挥作用，必须对现有交强险制度进行必要调整，突破其适用障碍。具体来说，可以从提高交强险责任限额并放弃事故分项限额、增加自动驾驶汽车生产者为投保主体、将车上人员纳入受害人范围和修订保险人追偿权行使事由四个方向着手。

---

〔1〕 许闲：《自动驾驶汽车与汽车保险：市场挑战、重构与应对》，载《湖南社会科学》2019 年第 5 期。

（一）弃用事故分项限额制

我国交强险的责任限额和赔付方式一直广为诟病，在自动驾驶汽车产业的不断发展下，二者更显不合时宜。为了提高交强险与自动驾驶汽车的适配性，增强交强险的保障力度，必须对其责任限额与赔付方式作出适时调整。

1. 交强险责任限额的适时调整

2017 年，德国修订《道路交通法》，将自动驾驶造成的人员伤亡和财产损失的赔偿限额分别确定为 1000 万欧元与 200 万欧元，为传统机动车事故的 2 倍。而日本则将对现有汽车保险制度进行修订，以期为事故受害者提供全额赔偿。我国交强险责任限额自 2006 年实行以来，只经历过 2008 年、2020 年两次提高。这反映出交强险责任限额未能实现与国家经济发展规划和现实发展情况的同频共振，必须及时纠正。因此，国务院保险监督管理机构应当定期会同国务院公安、卫生、农业主管部门，审视交强险责任限额是否符合经济发展水平，并予以适当提高。

2. 改当前的事故分项限额制为受害人分项限额制

改当前的事故分项限额制为受害人分项限额制，以提高对受害人的保障程度。交强险赔付方式共计四类：受害人概括限额、受害人分项限额、事故概括限额、事故分项限额，对受害人的保护力度依次降低。为了更好地实现受害人保护的目标，改变事故越严重受害人所得救济反而越小的不合理现象，弃用事故限额势在必行。同时，考虑到保险人的承受能力和接受程度，也不宜一蹴而就地采取受害人概括限额。因此，交强险改用受害人分项责任限额是一个折中的选择。

3. 合并死亡伤残限额与医疗费用限额

针对交强险分项限额不均衡的问题，可通过合并死亡伤残限额与医疗费用限额进行修正。生命是无价的，死亡伤残限额远高于医疗费用限额和财产赔偿限额本身无可指摘。但在责任限额极为有限的情况下，分配不均会导致对受害人医疗费用损失救济不足。将二者合并可以最大限度地挖掘交强险的救济能力，尽可能满足受害人的医疗需求，保障其人身安全。而且，死亡伤残限额和医疗费用限额均致力于救济受害人的人身损失，将二者合并不存在实质障碍，具有可行性。

（二）构建二元投保格局

基于自动驾驶汽车带来的危险控制转移和保险利益扩散，坚持汽车所有人或管理人为单一投保主体已不符合理论要求。但究竟是彻底变革为汽车生产者单一投保，[1]还是由生产者分担部分投保义务、构建二元投保主体格局，还有待讨论。

1. 保留汽车所有人或管理人的投保义务

汽车所有人或管理人在自动驾驶状态下虽无驾驶注意义务，却仍须承担交通注意义务、车辆注意义务、事故注意义务，对危险控制能发挥一定的作用。若汽车所有人或管理人违反以上义务造成交通事故，需对事故受害人承担侵权责任。故在自动驾驶下，所有人或管理人仍有保险利益，具有投保交强险的动力。而且，交强险虽名为责任保险，最重要的目标却在于受害人保护，关于投保义务人的规定，只是法律政策为实现社会保障功能所作出的选择。[2]保留所有人或管理人的投保义务有助于实现交强险规则的新旧衔接。另外，若将投保义务完全加诸生产者，则易使生产者负担过重，刺激其通过价格机制向消费者转移保险成本。从而导致自动驾驶汽车价格虚高、市场接受

〔1〕 杨立新：《自动驾驶机动车交通事故责任的规则设计》，载《福建师范大学学报（哲学社会科学版）》2019 年第 3 期。

〔2〕 韩旭至：《自动驾驶事故的侵权责任构造——兼论自动驾驶的三层保险结构》，载《上海大学学报（社会科学版）》2019 年第 2 期。

度降低，最终影响产业发展。

2. 生产者承担部分投保义务

由生产者承担部分投保义务有助于体现公平精神，促进受害人保护。自动驾驶系统在驾驶任务与风险控制中占据越来越重要的地位，应当被分配更大的权限与责任。〔1〕但系统或自动驾驶汽车本身不具有法律主体地位，没有责任财产，无法承担投保义务。故应将自动驾驶汽车背后的生产者列入投保主体行列。另外，无论是基于自身长远利益考虑，还是基于资金实力，生产者都具有更强的投保动力与投保能力。〔2〕再者，由生产者承担一定比例的投保义务，在减轻所有人或管理人投保义务的同时，还有助于适当提高交强险保费和责任限额，为受害人提供更为充分的保障。

因此，从确定投保人的理论依据、政策选择、产业发展与受害人保护等方面来看，自动驾驶汽车交强险宜构建汽车所有人或管理人与生产者共担投保义务的二元投保格局。

（三）扩大受害人范围

自动驾驶技术的发展使车上人员的损害受到关注。在应对自动驾驶给现行保险体制带来的挑战方面，英国是制度调整最为迅捷的国家。2018 年，英国颁布 AEV 法案，明确将自动驾驶汽车车内人员纳入了强制保险救济范围。这对实现对受害人的全面保护意义重大。对此，我国应当加以借鉴，扩大交强险受害人范围，以发挥其基础保障功能。具体可以从人类驾驶员和车上乘客两个维度思考。

---

〔1〕 王莹：《法律如何可能？——自动驾驶技术风险场景之法律透视》，载《法制与社会发展》2019 年第 6 期。

〔2〕 王春梅：《人机协同视域下中国自动驾驶汽车责任保险立法构设》，载《上海师范大学学报（哲学社会科学版）》2022 年第 3 期。

1. 人类驾驶员

人类驾驶员在自动驾驶状态下，与车外人员一样无法实际掌握汽车的运行，二者处境同质化趋向显著。此时，绝大多数交通事故的发生并非因为人类驾驶员的侵权行为。以“侵权人不能侵权自身”为由，阻止交强险将人类驾驶员纳入保障范围不具有合理性。如若驾驶员事故损失确因自身而起，可以采取个案排除的方式否定其受害人身份，而不必通过整体否定的方式践行“侵权人不能侵权自身”的法理。针对将汽车驾驶员纳入受害人赔偿范围容易诱发骗保现象的担忧其实并无必要。一方面，交强险只具备对受害人的基础保障作用，责任限额不会太高。以制造交通事故的方式骗取交强险保险金大概率会得不偿失，理性经济人一般不会作此选择。另一方面，道德风险的遏制不一定要通过牺牲自动驾驶汽车驾驶员损失救济的方式进行。提高保险费率、提升保险公司事故勘验技术、司法或行政监督等其他途径也能达到同样的效果。

2. 车上乘客

车上乘客是否应纳入保障范围，与其乘车行为是否构成自甘风险息息相关。自甘风险规则适用于具有一定风险的文体活动。乘坐自动驾驶汽车明显不属于这一范畴，以之解释交强险不救济车上乘客的制度安排是对这一规则的误读。况且，自动驾驶系统具有深度学习能力和高度智能性，作为普通人的乘客很难对乘坐自动驾驶汽车的风险形成有效的认知与预期。又由于在自动驾驶状态下并不存在驾驶员，更遑论乘客与驾驶员之间的信任关系。所以，在自动驾驶时代，即便将自甘风险规则的应用场景抛诸脑后，也不能以之为由将乘客排除出交强险保障范围。

因此，将车上人员纳入交强险的受害人范围，对其损失予以赔付符合自动驾驶技术特征和实际需要。而且，配合交强险责任限额的提高和受害人分项限额的适用，单个受害人所受救济不会因受害人范围拓宽而更加不足。但需特别注意的是，车上人员可获交强险赔偿的财产损失，不包括车辆本身在交通事故中因碰撞等造成的损坏。

（四）重订追偿权行使事由

交强险保险人行使追偿权的事由包括驾驶人无证驾驶、醉酒驾驶、吸毒或麻醉驾驶、盗抢人肇事、被保险人故意制造交通事故五种。这五种情形的共同点在于，包括被保险人在内的致害人，对交通事故的发生存在重大过错或故意。在探索新的追偿权行使事由时应以此为参照，以期威慑被保险人等主体的行为，进一步降低交通事故发生率，维护保险人的合法权益。另外，通过增加交强险投保人，汽车生产者成了实际的被保险人之一。故保险人行使追偿权的对象也应兼顾汽车生产者与所有人或管理人。

1. 产品缺陷

以汽车生产者为追偿对象，产品缺陷应成为新追偿事由。当自动驾驶汽车被全面投入商用后，事故发生率将大大降低，事故发生原因将更多地归结于系统故障。若故障源于自动驾驶汽车的产品缺陷，则可以认定汽车生产者有重大过错行为，保险人在交强险责任限额内予以赔付后，有权向生产者追偿。当然，生产者可以通过购买产品责任险将被交强险保险人追偿的风险转移给其他保险人。此外，生产者负有上市前测试和披露固有系统风险的义务。[1]若其故意违反上述义务引发交通事故，可以通过解释论将其违法行为纳入被保险人故意制造交通事故的范畴，进而实现对追偿事由的更新。

---

〔1〕 Mark A. Geistfeld, "A Roadmap for Autonomous Vehicles: State Tort Liability, Automobile Insurance, and Federal Safety Regulation", *California Law Review*, 105 (2017).

2. 未对自动驾驶系统尽到维护义务

以汽车所有人或管理人为追偿对象，未对自动驾驶系统尽到维护义务应成为新追偿事由。英国的 AEV 法案第 4 条规定，因被保险人或第三人违反保险条款的规定更改软件或未及时更新安全软件而造成事故的，可以免除或限制保险人的责任。[1]依据我国《交强险条例》的规定，只有受害人故意才是保险人免责的事由。而更改软件或未及时更新安全软件，从主体到严重程度都与该免责事由并不相称，反而与追偿权行使事由特性一致。因此，我国可以加以借鉴，将不得随意更改软件和及时更新安全软件作为汽车所有人和管理人的系统维护义务，进而将违反行为确立为保险人行使追偿权的事由。

以上对交强险未来发展的制度构想涵盖投保、理赔、追偿三个环节，针对投保主体、受害人范围、责任限额等多个方面，力图在充分肯定交强险适用性的基础上构建因应自动驾驶技术的新交强险，为受害人保护提供路径支持、为产业发展注入活力。

自动驾驶汽车交强险的制度构想

环节	内容	具体设计
投保	主体	汽车所有人或管理人+生产者。
理赔	范围	自动驾驶汽车交通事故受害人（含车上人员）的人身损害与财产损失。
	限额	受害人分项限额制，合并医疗费用限额和死亡伤残限额，提高责任限额。

〔1〕 曹建峰、张嫣红：《〈英国自动与电动汽车法案〉评述：自动驾驶汽车保险和责任规则的革新》，载《信息安全与通信保密》2018 年第 10 期。

续表

环节	内容	具体设计
追偿	对象	致害人（含生产者）
	事由	驾驶人无证驾驶、醉酒驾驶、吸毒或麻醉驾驶、盗抢人肇事、被保险人故意制造交通事故+产品缺陷、违反系统维护义务。

综上所述，在自动驾驶技术日益普及的当下，交强险仍然扮演着至关重要的角色，它是维护道路交通安全、保障受害人权益的重要防线。然而，随着自动驾驶技术的发展和应用，现有的交强险制度也面临着一系列挑战和适用障碍。为了确保交强险在自动驾驶时代能够正常运行并充分发挥其作用，有必要对其进行必要的调整和优化。首先，提高交强险责任限额并放弃事故分项限额是必要的。随着自动驾驶汽车的广泛应用，交通事故的发生概率可能会降低，但一旦发生事故，往往会造成更为严重的损失。因此，提高交强险的责任限额，以覆盖更大的损失范围是必要的。同时，放弃事故分项限额，将不同类型的损失纳入同一责任限额，能够更好地保护受害人的权益，避免因为分项限额过低而导致受害人无法得到充分的赔偿。其次，增加自动驾驶汽车生产者为投保主体是合理的。自动驾驶汽车的生产者在技术研发、产品制造等方面承担着重要的责任，因此，将其纳入交强险的投保主体能够更好地保障受害人的权益。生产者可以通过购买交强险来分担可能产生的赔偿责任，同时也可以通过保险机制来加强自身的风险管理和控制。此外，将车上人员纳入受害人范围也是必要的。在自动驾驶汽车发生事故时，车上人员同样可能受到伤害。因此，将车上人员纳入交强险的受害人范围，能够确保他们在发生事故时得到及时的救治和赔偿。最后，修订保险人追偿权行使事由也是关键。在自

动驾驶时代，交通事故的责任认定可能更加复杂，涉及多个主体和责任方。因此，需要修订保险人追偿权行使事由，明确各方责任，避免因为责任认定不清而导致追偿权无法行使或被滥用。

二、自动驾驶汽车的产品责任险

自动驾驶汽车，作为现代高科技的杰出代表，其决策系统建立在庞大的数据集和复杂的算法之上。这种特性使得在面临事故时，对于责任的判定和事故原因的追溯变得尤为复杂。因此，针对自动驾驶汽车的保险产品设计，必须深入且全面地考虑到这一独特性。自动驾驶汽车的产品责任保险不仅应涵盖由产品设计缺陷、制造过程中的疏忽或软件错误导致的意外事故，还要将这些事故可能导致的损失全面纳入考虑范围。这些损失包括但不限于对其他车辆、行人、骑自行车的人、摩托车骑手、乘客以及各类财产（如道路设施、建筑物等）的损害。在确定自动驾驶汽车的产品责任保险的责任限额时，需要综合考虑多种因素。这些因素包括但不限于车辆的类型、用途、市场价值，以及制造商的财务状况等。通过这样的综合考量，可以确保责任限额既能有效保护消费者的权益，又不会给制造商带来过大的经济压力。自动驾驶汽车的事故责任往往并非单一。例如，如果事故是由车辆的软件错误导致的，那么制造商可能需要承担相应的责任。但如果事故是由驾驶员的错误操作或不当使用导致的，那么驾驶员也可能需要承担相应的责任。因此，保险产品设计需要充分考虑到这些复杂的情况，确保在事故发生时能够公正、合理地判定责任。自动驾驶汽车的风险评估和定价模型需要基于大量的数据和分析。这些数据可以来源于车辆的行驶记录、事故记录、维修记录等。通过对这些数据的深入分析和挖掘，可以准确评估车辆的风险水平，并据此设定合理的保险费用。

构建自动驾驶汽车的产品责任保险是一项综合性的工作，它横跨技术、法律和经济等多个领域，呈现出复杂性和多元性。随着自动驾驶技术的飞速发展和日益普及，这种保险产品的重要性也日益凸显。它不仅为消费者提供了重要的风险保障，还在很大程度上促进了自动驾驶技术的健康、稳定和可持续发展。在考虑自动驾驶汽车产品责任保险时，必须从多个角度出发，全面考虑各方利益。首先，对于保险人而言，他们需要准确评估自动驾驶技术的风险，并制定相应的保险策略，以确保在事故发生时能够迅速、有效地进行赔偿。其次，投保人作为消费者，他们期望得到充分的保障，以应对可能因自动驾驶技术产生的各种风险。因此，保险产品必须能够满足消费者的需求，提供全面、有效的保障。此外，还需要考虑第三人的利益。自动驾驶汽车的使用可能会对其他人或财产造成潜在的风险，因此，保险产品必须能够覆盖这些潜在的风险，确保在事故发生时能够为受害人提供足够的赔偿。在保费厘定方面，需要综合考虑多种因素，包括自动驾驶技术的发展水平、事故率、赔偿金额等。通过对这些因素进行精确的评估和预测，可以制定出更加合理、公平的保费标准，从而确保保险产品的可持续性和稳定性。综上所述，构建自动驾驶汽车的产品责任保险是一项复杂而重要的任务。需要从多个角度出发，全面考虑各方利益，以确保保险产品能够有效地为消费者提供风险保障，同时推动自动驾驶技术的健康、稳定发展。基于可预见的自动驾驶发展水平，本节将在保险人、投保人，以及保费厘定上构建自动驾驶汽车产品责任保险。

（一）投保人

根据《民法典》第1204条的规定，如果产品的缺陷是由运输者、仓储者等第三方的过错造成的，那么他们应对产品的生产者和销售者承担责任，而非直接对消费者负责。这种责任与产品侵权责任风险并不一致，因此，他们不能通过购买产品责任保险来转移这种风险。进一步，根据《民法典》第 1202 条和第 1203 条的规定，生产者在产品责任上承担的是无过错责任，而销售者则承担的是过错责任。无过错责任与强制责任保险在本质上是相契合的，因此真正有资格购买产品责任强制保险的投保人应当是生产者。在这里，“生产者”的定义不仅限于最终成品的生产者，它还包括了原材料和零部件的生产者、表见的生产者，以及智能系统软件的生产者。综上所述，虽然产品链条中的多个环节都可能具有产品责任风险，但在法律框架下，真正有资格购买产品责任强制保险的主要是生产者。其他如运输者、仓储者等，虽然可能具有保险利益，但由于其责任对象和责任性质的不同，他们不能通过产品责任保险来分散其风险。

从产品责任的法理角度出发，自动驾驶汽车作为一种新兴科技产品，应适用符合消费者合理期待的发展风险规则。这意味着，在生产者推出自动驾驶汽车产品时，必须充分考虑到技术发展可能带来的潜在风险，并对此进行合理的评估和控制。生产者不仅需要对产品本身的质量负责，还需要履行跟踪观察的义务，作为一种预防性补救措施。这一要求源自《民法典》第 1206 条的规定，即当产品投入流通后发现存在缺陷时，生产者有义务立即停售、警示、召回等，以确保消费者的安全权益不受侵害。再者，考虑到自动驾驶汽车的安全性能主要依赖于其自动驾驶系统，这一系统在消费者购买和使用之后，其维护的主体依然是生产者。因此，生产者对于自动驾驶系统的安全保障义务显得尤为重要。这意味着，生产者不仅需要在产品设计和制造阶段确保自动驾驶系统的安全性和稳定性，还需要在产品销售后持续提供技术支持和维护服务，确保自动驾驶系统能够持续发挥其应有的功能，为消费者的安全出行提供坚实保障。这种持续性的安全保障义务，体现了生产者对于消费者权益的尊重和保护，也是自动驾驶汽车产业可持续发展的重要基石。

（二）保险人

在产品责任险的广阔领域中，保险人的选定途径显得尤为关键。这主要依赖于两条明确的渠道。首先，保险监管部门在保险行业的管理中占据核心地位，他们有权根据行业需求和政策导向，直接指定那些具备足够实力和信誉的保险公司来承担特定的保险责任。这种直接指定的方式，既体现了政府对保险市场的宏观调控，也确保了保险责任的落实和保险市场的稳定。其次，保险公司自身也可以通过积极的申请和审批流程，获得从事特定保险业务的资格。这一过程中，保险公司需要向国务院相关部门提交详尽的申请材料，包括公司的资质、经验、技术实力以及风险管理能力等多方面的信息。国务院相关部门在收到申请后，会进行严格的审查和评估，确保只有那些真正具备从事保险业务能力的公司才能获得资格。然而，在自动驾驶汽车这一新兴领域，风险评估和管理的复杂性以及产品缺陷认定的高度专业性使得保险公司在面对这一业务时可能会持有观望态度。因此，为了确保保险业务的顺利进行和保险公益性的实现，建议在保险运行初期，由国务院相关部门指定几家实力强大且拥有丰富保险经验的保险公司作为保险人承保。这种方式不仅能够保证保险业务的顺利开展，还能在一定程度上保证保险的公益性质，为自动驾驶汽车的推广和应用提供有力的保障。随着自动驾驶汽车技术的不断成熟和保险市场的深入发展，可以逐步推动市场化运作，允许符合一定条件的保险公司申请开展此项业务。这样既能充分发挥市场在资源配置中的决定性作用，促进保险行业的良性竞争，提升整个行业的服务水平，也能激发保险公司的创新活力，推动自动驾驶汽车保险产品的多样化和个性化发展。因此，通过分阶段采取上述两种方式，可以更好地适应自动驾驶汽车保险业务的发展需求，确保保险市场的健康、稳定和持续发展。这种灵活而审慎的策略选择既体现了政府对保险市场的引导和调控，也充分发挥了市场在资源配置中的决定性作用，为自动驾驶汽车保险业务的长远发展奠定了坚实的基础。

（三）承保范围

自动驾驶汽车的产品属性决定了生产者应当为之投保产品责任险，只是在理赔范围上仍有探讨的必要。

1. 车上人员和第三者责任

交通事故相关保险重在保护事故受害人。〔1〕在传统汽车商业保险中，车上人员险和第三者责任险是专为应对交通事故受害人而设计的保障措施，属于汽车商业保险基本险。这两种车辆保险负责赔偿因交通事故引发的车内乘坐人员及第三方人员的人身伤害和财产损失，该“车上人员”涵盖了司机和乘客两大类群体。其根本目的在于为车辆的所有者或使用者提供事故责任保障，从而在他们因驾驶行为制造现实危险而面临法律责任时，能够有效地分担和减轻其应承担的事故责任。这种保险机制不仅体现了对人身安全的尊重和保护，也体现了对财产权益的切实维护。这样的商业保险规则与传统汽车驾驶原理一直保持高度契合，系因第三者责任险和车上人员责任险针对的风险范围不同，保障的对象也不同，通过区分可以更全面地保障

〔1〕 邢海宝：《智能汽车对保险的影响：挑战与回应》，《法律科学（西北政法大学学报）》2019 年第 6 期。

车辆及其相关人员在不同情况下可能遇到的风险，确保保险覆盖范围更完备、更贴合实际需求。但是，在自动驾驶状态下，人类的角色已由“驾驶员”转变为了“用户”“乘客”，由“危险控制者”转变为“危险承受者”，这一变化最终导致车内人员与车外受害人同质化。[1]因此，在智能汽车产品事故中，驾驶人、乘客以及第三方人员均可能成为受害者，其间的差异仅在于事故发生时他们所享有的安全保护级别。若以车内人员相对较高的安全系数为理由，进一步对保险种类进行细致划分，不仅会显著提高实际成本，还可能对生产者的投保意愿产生消极影响。制造商控制和编写自动驾驶系统的算法程序，让制造商承担产品责任，可以确保他们持续提升和更新算法，增强自动驾驶汽车的安全性能。[2]鉴于此，将车上人员责任险与第三者责任险纳入产品责任险的覆盖范围，不仅更符合智能汽车商业保险的内在发展规律，而且在实践操作中也更具可行性。这样的安排能够更好地保障各方利益，促进智能汽车商业保险的健康发展。

2. 车辆损失

除了车上人员责任险与第三者责任险等针对人身权益的保险外，车损险的部分承保范围也应当被纳入产品责任险，因为车主本身就是车辆损毁的直接受害人。车损险作为传统商业车险体系中的核心构成部分，与车上人员责任险、第三者责任险同属基本险。其广泛的应用场景和全面的保障范围使其在车辆保险领域中占据重要的地位。车损险核心保障聚焦于车辆自身，

---

〔1〕 于海纯、吴秀：《自动驾驶汽车交通事故责任强制保险制度研究——一元投保主体下之二元赔付体系》，载《保险研究》2020 年第 8 期。

〔2〕 冯珏：《自动驾驶汽车致损的民事侵权责任》，载《中国法学》2018 年第 6 期。

无论是遭受雷击、暴风、龙卷风、暴雨、洪水、海啸、地陷等自然因素带来的损害，还是由意外事故引发的轻微刮擦或严重受损，车主均有权依据保险合同向保险公司提出相应的赔付申请。然而，“交强险-产品责任险-车主商业险”三层保险体系与传统汽车保险理赔体系存在差异，这种不同决定了车损险的理赔范围应当在自动驾驶汽车保险层级选择上有所区分。针对汽车运行过程中发生的碰撞、倾覆、外界物体倒塌等车损基本险中的意外事故，应当纳入产品责任保险人承保范围。因为在使用自动驾驶汽车时，驾驶行为已经被全权委托给车辆的自主系统来操控，此时出现碰撞、倾覆等事故，应当归责于生产者系统自身问题，属于生产者的产品质量责任。

同理，既然生产者有责任保证其所生产的品牌汽车在各种环境下均能安全、稳定地运行，那么由产品质量问题引发的自燃、涉水、玻璃破裂等事故便理应被纳入产品责任险的承保范畴。这些事故不应再作为商业基本险的附加险存在，而应作为产品责任险的重要组成部分。此时自动驾驶系统的生产者和维护者应承担相应的责任，因为其产品缺陷直接导致事故发生，这样的规定既能确保消费者的权益得到保障，也能促使生产者不断提高产品质量，减少类似事故的发生。将车辆损失险的汽车运行中意外事故以及质量衍生问题纳入产品责任险的承保范围，不仅能为车主提供全面而周到的风险保障，使他们在面对车辆受损的风险时能够有所依托，更是在很大程度上减轻了可能由车辆受损带来的经济负担，使车主在面对突发情况时能够更加从容和冷静。此举无疑为车辆保险行业的健康发展注入了强大的动力，也为广大车主提供了更加坚实的保障屏障。

总的来说，应当将传统汽车商业保险中的车上人员责任险、第三者责任险、车辆运行中意外事故车损险以及产品质量问题下的玻璃险、涉水险、自燃险、划痕险等附加险种纳入自动驾驶汽车产品责任保险范畴，并交由生产者统一投保，形成自动驾驶汽车保险第二层理赔机制，用以补充交强险的漏缺损失。

（四）保险费率

产品责任强制保险费率的确定是一个复杂且需要细致考虑的问题，它受到多种因素的影响。首要考虑的是保险标的的危险程度，这直接关系到保险公司可能面临的风险大小。危险程度高的产品，其保费自然也会更高。此外，保险公司的责任范围也是一个重要因素。责任范围越广，保险公司承担的风险就越大，因此费率也会相应提高。保险期限的长短也会对费率产生影响。一般来说，保险期限越长，保险公司承担的风险就越大，因此保费也会更高。同时，保险公司的经营费用也是费率确定的重要因素之一。这些费用包括运营成本、员工薪酬、管理费用等，它们都会直接或间接地影响到保险费率。在确定保险费率时，应坚持费率弹性原则。这意味着费率不应该是固定不变的，而是应该根据实际情况进行调整。弹性费率由基准费率和调整费率两部分组成。基准费率是由保险监管部门确定的，它提供了一个基本的费率参考。而调整费率则是由保险人和产品两方面的因素决定的：在被保险人因素方面，道德风险的控制是核心。为了降低道德风险，可以对被保险人的索赔诉讼记录、总体经营状况等进行考核评估。这些评估结果可以被作为调整下一年度保险费率的依据。通过这种方式，可以激励被保险人更加注重风险管理和技术更新完善。而在产品因素方面，主要围绕自动驾驶汽车本身的特性进行考量。自动驾驶汽车的风险核心决定因素是其自动驾驶控制系统的先进程度。这包括自动驾驶汽车的级别和驾驶模式两个方面。自动驾驶汽车的级别是一个重要的考量因素。随着 3 级、4 级与 5 级层次的自动驾驶汽车自动化程度不同，其配置的自动驾驶系统在自动驾驶功能、安全防护功能、用车辅助功能等方面也有所差异。这些差异会导致自动驾驶汽车的安全运行水平、事故概率以及黑客对抗能力等方面的不同。因此，根据大数据对这些事项的反馈结果对年度费率进行动态调整是非常必要的。这种调整既有利于刺激被保险人进行技术更新完善，也有助于保险人维持其经营能力。驾驶模式也是影响费率的重要因素之一。在自动化程度 3 级的自动驾驶汽车中，当系统发出动态驾驶任务的接管请求时，人类驾驶员需要承担动态驾驶任务。而在自动化 4 级、5 级的自动驾驶汽车中也可装备驾驶座位，汽车可以在自动驾驶模式和手动驾驶模式之间进行切换。这两种模式下汽车的运行风险是不同的，因此所对应的保费也会有所不同。在确定保险费率时，需要充分考虑这些因素并作出相应的调整。

综上所述，需要从多个维度进行深思熟虑，周全地权衡各方利益，从而在保险人、投保人以及保费设定上构建一套严谨且全面的自动驾驶汽车产品责任保险体系。此保险产品的设计，旨在为消费者提供切实有效的风险保障，同时推动自动驾驶技术的稳健、可持续发展。鉴于当前自动驾驶技术的预期发展态势，必须确保保险产品能够与之相匹配，既能满足市场的实际需求，又能够适应技术的快速进步。通过这样的保险策略，不仅能够为消费者提供充分的保障，还能够为自动驾驶技术的进一步推广和应用提供坚实的后盾。

三、自动驾驶汽车的车主商业险

正如昔日的传统汽车逐步取代了自行车、摩托车等交通工具，成为主流出行方式一样，随着社会经济的持续繁荣与进步，自动驾驶汽车也将逐渐从奢侈品蜕变为广大家庭的日常出行选择。在这一过程中，面对传统汽车所遗留的交通事故、车辆损坏、盗窃等潜在风险，商业保险的作用显得尤为重要。商业保险不仅是车主最可靠的守护者，而且在风险发生时能够有效减轻车主的经济损失，捍卫车主的权益。在现代经济社会中，为了确保车主在遭遇意外事故或车辆受损时能够获得及时的经济支持与保障，传统汽车的商业保险提供了多元化的保障内容。这些保障内容涵盖了车辆损失险、第三者责任险、车上人员责任险以及车辆盗抢险等，这些险种共同助力降低车主在意外情况下的经济风险。这些保险种类的存在，使得车主在面对各种潜在风险时能够更加从容和安心。

然而，随着自动驾驶时代的到来，如何将风险防范机制巧妙地融入新的商业保险法律框架将成为自动驾驶汽车交通事故救济的核心议题。自动驾驶汽车的出现将对现有的商业保险体系提出新的挑战和要求。为了确保自动驾驶汽车的安全与可靠，并为未来的出行方式提供坚实的法律保障，需要对现有的商业保险法律框架进行改进和完善。在这一过程中，应当依据风险来源、事故归责、受害人界定等因素，将交通事故、自然灾害、意外事件等风险防范成本按照风险影响力级别合理分配给生产者与汽车保有人。这样，可以形成交强险之后的“产品责任险-车主商业险”理赔体系。通过这样的体系，可以更好地保障车主的权益，降低他们在意外事故中的经济损失，同时也为自动驾驶汽车的发展提供坚实的法律支撑。由此可见，随着自动驾驶汽车的逐步普及，需要对传统的商业保险法律框架进行改进和完善，以适应新的出行方式。通过科学、合理的法律规定，可以确保自动驾驶汽车的安全与可靠，并为未来的出行方式提供坚实的法律保障。这不仅有助于保护车主的权益和降低他们的经济风险，也将推动自动驾驶汽车技术的持续发展和普及。

（一）投保人

车主商业险的投保义务明确无误地落在车辆保有人身上。当事故受害人在交强险和产品责任险这两种主要的保险保障下，其损失仍然无法得到充分的补偿时，车主根据自身需求选择投保适当的商业保险成了对抗潜在风险的关键策略。在这种情况下，生产者通过承担两种不同类型的保险成本，已经充分履行了其应尽的保障责任。对于车辆保有人来说，他们拥有对汽车的保险利益。尽管自动驾驶汽车的控制权被转移到了生产者的智能系统上，但这并不改变汽车作为财产的本质属性，它依然被视作一种特殊的动产，归属于汽车保有人。在自动驾驶时代，汽车保有人仍然可以选择为全车盗抢险、自然灾害致车损险、找不到第三方险以及非产品质量原因下的玻璃险、涉水险、自燃险、划痕险等险种进行投保，以此来对抗可能发生的各种财产损失。此外，合理设定车主商业险的理赔标准对于保护车主的合法权益、维护社会的稳定秩序以及推动汽车产业的健康发展都具有深远的意义。这不仅能够确保车主在遭遇不幸事件时得到应有的经济赔偿，还有助于构建一个公平、公正的保险市场环境，为汽车产业的持续繁荣提供坚实的支撑。

（二）承保范围

在探讨自动驾驶汽车事故商业险时，我们必须首先审视一个核心问题：是否应维持传统汽车商业保险对于基本险与附加险的划分。基本险，作为传统车辆保险中的核心组成部分，其涵盖的是车辆保险的基本风险，具有普遍性和必要性。而附加险，则是对基本险的补充和扩展，允许车主根据自身需求选择购买，从而实现对特定风险的额外保障。在三层保险体系中，第三者责任险、车上人员责任险和部分车辆损失险已被纳入产品责任险范畴，由生产者承担保费。这一变革意味着，车主在选择保险时不再受到基本险与附加险的固定限制，而是应享有更大的自由选择权。因此，建议取消车辆商业险中的基本险与附加险的划分，统一称之为“自动车辆商业险”。这一新的分类方式将更加注重保险种类和保费厘定的区分，以更好地满足车主的个性化需求。在新的保险体系下，车主需要更加审慎地选择适合自己的保险产品。他们需要根据自身的实际情况和潜在风险，仔细评估各种保险产品的保障范围和实用性，从而确保在遭遇风险时能够得到充分的保障。同时，车主在选择保险公司时也应注重其信誉和服务质量，以确保在需要赔偿时能够得到及时、公正的处理。通过取消车辆商业险的基本险与附加险之分，并引入更加灵活的保险选择机制，可以为车主提供更加个性化、实用的保险服务。这将有助于提升自动驾驶汽车事故商业险的理赔效率和公正性，为车主提供更加全面、有效的风险保障。

关于全车盗抢险、自然灾害致车损险以及找不到第三方险的理赔认定，建议维持对传统汽车相关规定的适用性。这是因为，在自动驾驶汽车领域，这些事故的发生基本上可以排除生产者的产品责任。自动驾驶汽车，尽管具备高度智能化的特性，但仍然无法要求其智能水平达到独立趋利避害的程度。因此，当涉及盗抢、灾害以及逃逸等不可预见且难以对抗的情况时，沿用传统汽车的理赔标准将更为符合其作为动产的属性。然而，在非产品质量原因下的玻璃险、涉水险、自燃险、划痕险等保险种类的理赔认定标准上，需要进行一定的创新。以自燃险为例，传统汽车自燃险的理赔标准通常是基于车辆在使用过程中，由于本车电路、线路、油路、供油系统、货物自身存在问题或机动车运转摩擦引发火灾的情况。在这种情况下，保险公司将负责赔偿保险车辆所遭受的损失以及车主为减少损失所支付的必要合理费用。但在自动驾驶汽车的三层保险体系中，大部分可能导致自燃的风险已经被纳入生产者产品责任险的保障范围。这意味着，只有当自燃是由于货物问题、止损成本等少数风险造成时，才能排除生产者的产品质量责任。因此，在自动驾驶时代，除非自燃是由车主故意、自身不当操作或非法改装（如私自改动电路、非法接入电器或使用高功率设备等）造成，否则保险公司应当为车主提供相应的保障。基于以上分析，在大部分风险已经被产品责任险承保的情况下，适当降低车主商业险领域的保费或放宽理赔标准将更有利于激发车辆保有人的投保意愿，从而提升投保积极性。这样的调整不仅符合自动驾驶汽车发展的实际需求，也有助于推动保险行业的创新与发展。

总体而言，针对自动驾驶汽车的部分商业保险种类，必须深入考虑其独特的技术特性以及风险分布情况。这不仅要求对传统的理赔认定标准进行必要的调整，以适应新技术带来的挑战，更需要勇于创新，以确保这些标准能够真正有效地保障车辆保有人的权益。自动驾驶汽车的出现，无疑为保险行业带来了新的机遇与挑战。一方面，自动驾驶汽车通过先进的传感器、算法和通信技术，大大提高了道路安全性和事故预防能力。另一方面，这种新技术也带来了新的风险，如软件故障、网络安全威胁等。因此，必须结合自动驾驶汽车的技术特点，对传统的保险理赔认定标准进行重新审视和调整。在调整过程中，不仅要关注如何更好地保障车辆保有人的权益，还要考虑到如何推动保险行业的技术进步。这需要积极引入新的技术手段，如大数据分析、人工智能等，以提高理赔认定的准确性和效率。同时，还应关注自动驾驶技术的健康持续发展，通过制定合理的保险政策，鼓励更多的消费者接受和使用自动驾驶汽车，从而推动整个行业的进步。综上所述，对于自动驾驶汽车的部分商业保险种类，应结合其技术特点与风险分布，对传统理赔认定标准进行必要的调整与创新。这将有助于更好地保障车辆保有人的权益，推动保险行业的技术进步，以及促进自动驾驶技术的健康持续发展。

（三）不计免赔

关于不计免赔险的承继问题，存在多种不同的观点和立场。不计免赔险，作为车险中的一种商业附加险种，其设计初衷在于为被保险人提供更加全面的风险保障。根据双方事先约定的条件，当保险事故发生时，原本需要由被保险人自行承担的免赔额部分，将按照投保的主险条款所规定的免赔率，由保险人负责赔偿。这一制度的目的在于减轻被保险人在面临风险时的经济负担，提高保险的实用性和保障力度。在保险合同中，保险公司会明确规定免赔事由，这既是其规避风险、保护自身利益的重要手段，也是确保保险合同有效性的必要措施。这些免赔事由通常是在合同中明确列出的特定情形，当这些情况发生时，保险公司将不承担任何赔偿责任。这些规定并非无的放矢，而是基于保险公司的风险评估和丰富的经验数据制定而成，旨在防止保险欺诈和不当索赔行为的发生，从而维护整个保险市场的稳定与可持续发展。同时，规定免赔事由也有助于保险公司更精确地定价和管理风险。通过明确免赔事由和免赔额度，保险公司可以更好地评估风险，制定合理的保费，确保为客户提供可靠和稳健的保险保障。这也是保险合同作为双方之间协议的重要组成部分，是保险公司合法且合理的权利。

在自动驾驶时代，虽然技术的发展为保险行业带来了新的挑战和机遇，但保险公司依然需要规定相应的免赔事由以及免赔额度，以规避潜在的风险。值得注意的是，自动驾驶汽车车主对于大部分免赔事由可能不再享有保险利益，但这并不意味着免赔事由的规定失去了其存在的意义。相反，这些规定仍然是保险合同的重要组成部分，有助于维护保险公司的合法权益和整个保险市场的稳定。可见，对于不计免赔险的承继问题，应当持有一种有限保留的态度。在保留其原有功能的同时，也要关注自动驾驶等新技术对保险行业的影响，适时调整和完善相关规定，以适应时代的发展需求。

一方面，保险本质上是通过集中危险和分散危险而实现经济补偿的商行为。[1]车辆保险的核心经济职能在于风险的分摊，而非风险的转移。这意味着，当车辆发生事故时，保险人与被保险人需要共同承担损失。这种分担机制体现在免责事由的设置上，这些免责事由是保险合同中的一部分，明确了在哪些情况下保险公司不承担赔偿责任。这种设置既保护了保险公司的利益，也体现了被保险人在使用车辆时应承担的责任。即使是在传统的汽车商业保险中，如盗抢险、自燃险、涉水险等附加险种，也存在绝对免赔事由。这些免赔事由与不计免赔险是独立的，不能相互替代或抵消。也就是说，当发生某些特定的事故时，即使购买了不计免赔险，保险公司也不承担赔偿责任。对于自动驾驶汽车而言，产品责任险已经覆盖了大部分风险责任。这些风险中，有很大一部分是由车主商业险来承担的。这些免赔事由主要涉及不能归责于车主和生产者的意外因素。因此，在实际应用中，能够触发不计免赔险的自动驾驶汽车责任的赔偿事故相对较少。另一方面，不计免赔险作为针对保险合同免赔条款而设立的一种附加险种，其存在完全依赖于主险。它不能独立存在，必须依附于主险才能发挥其作用。因此，在不区分基本险与附加险的情况下，无法准确评估不计免赔险的法律地位。总的来说，车辆保险的免责事由是保险人与被保险

〔1〕 樊启荣：《保险法》，北京大学出版社 2011 年版，第 7 页。

人共同承担风险的一种体现。对于自动驾驶汽车而言，虽然产品责任险已经覆盖了大部分风险责任，但仍然存在一些免赔事由需要车主注意。同时，不计免赔险作为一种附加险种，其法律地位和应用范围也受到一定的限制。

以车辆交通事故为例，根据《中国保险行业协会关于发布〈中国保险行业协会机动车商业保险示范条款（2020版）〉的通知》的规定，对于投保人与保险人在投保时协商确定绝对免赔额的，保险人在依据本保险合同约定计算赔款的基础上，增加每次事故绝对免赔额。绝对免赔率为5%、10%、15%、20%，由投保人和保险人在投保时协商确定，具体以保险单载明为准。这一条款在保险责任认定中起到了关键作用。在传统汽车事故场景中，如果车主在驾驶过程中发生了交通事故并被认定为次要责任方，但同时又约定了附加绝对免赔率为5%的特约条款，那么根据保险合同的约定，保险公司将承担包括那5%的事故责任免赔率在内的全部赔偿责任。这是因为车主已经通过购买不计免赔险，预先支付了一定的费用，以换取在事故发生时保险公司承担全部损失的保障。然而，当涉及自动驾驶汽车事故时，情况就有所不同了。由于自动驾驶汽车的技术特性，乘客（即传统意义上的车主）在事故中的责任变得难以评价。这是因为事故的责任应当归咎于完全自动驾驶系统的控制者或者生产者，而非乘客本身。在这种情况下，保险公司可能会面临更加复杂的责任认定和赔偿问题。此外，值得注意的是，产品责任险的归责原则与免赔事由和车辆商业险存在明显的区别。这使得将不计免赔保险引入自动驾驶汽车事故处理变得尤为复杂和困难。因此，对于保险公司而言，如何在保障乘客利益的同时，合理认定和分摊自动驾驶汽车事故的责任，将是一个亟待解决的问题。车辆交通事故的责任认定和赔偿规则在传统汽车和自动驾驶汽车之间存在显著的差异。对于保险公司而言，如何在遵守相关法律法规的同时，合理处理自动驾驶汽车事故的责任和赔偿问题，将是一个重要的挑战。

尽管不计免赔险的全面继承在理论上缺乏保险原理的支撑，同时在实际应用中也存在诸多困境，但不应被其作为附加险的外在形式所迷惑，而是应关注其核心内容的价值。在当前自动驾驶汽车技术尚未达到成熟阶段，且其智能发展水平的预测存在不确定性的情况下，免赔条款的具体形式和内容确实难以清晰界定。因此，应将不计免赔险的内容以明确的条款形式纳入存在免赔事由的保险合同，而非简单地将其视为一个可以随意叠加的附加险种。通过这种方式，可以在厘定保险费用时，根据免赔率与不计免赔率的不同，进行更加精细化的区分。这不仅能有效限制不计免赔险的滥用，而且更加符合保险原理，同时也更加适应当前自动驾驶汽车技术的发展现状。这样的做法不仅有助于提升保险行业的专业水平，更能为保险行业的健康发展奠定坚实的基础。

综上所述，为了保障自动驾驶时代的道路交通安全和受害人权益，有必要对现有的交强险制度进行必要的调整和优化。通过提高责任限额、增加投保主体、扩大受害人范围和修订追偿权行使事由等措施，更好地适应自动驾驶时代的发展需求，确保交强险在维护道路交通安全和促进受害人保护方面发挥更大的作用。另外，随着自动驾驶技术的日益成熟和商业化应用的加速推进，构建与之相适应的商业保险制度已成为一项紧迫的任务。对自动驾驶汽车商业保险制度的深入研究揭示了其复杂性和挑战性，同时也展示了其巨大的潜力和价值。在自动驾驶汽车商业保险制度的构建过程中，保险人应当充分考虑到技术的特殊性、法律的空白点以及市场的实际需求，精准把握风险评估的精确性、责任归属的明确性、保费厘定的合理性等因素，并据此确定保险人、被保险人、承保范围以及保费厘定，切实提升未来自动驾驶汽车商业保险制度的可行性和有效性。通过构建产品责任险与车主商业险的商业保险体系，促进自动驾驶汽车商业保险制度不断发展和完善，为自动驾驶汽车的广泛应用提供坚实的保障。同时，这一制度也将促进保险行业的创新与发展，推动相关产业链的协同进步。有理由相信，在不远的将来，自动驾驶汽车商业保险将成为连接技术、法律与市场的重要桥梁，为自动驾驶汽车的商业化落地提供坚实的支撑。最终形成构建自动驾驶汽车保险的“交强险-产品责任险-车主商业险”三层保险体系，全面实现自动驾驶汽车风险的全覆盖。

结　语

可能的责任转移是自动驾驶技术冲击现行侵权责任体系和保险制度的重要原因，我国车辆保险制度适用于自动驾驶汽车的一系列障碍也多发源于此。当某一法律制度的运行面临挑战时，“推倒重来、另寻他路”不失为一个办法。但当前正处于自动驾驶技术发展初期，确立新制度的条件尚未成熟、需求也不迫切。不若在“旧瓶装新酒、老树发新芽”的理念下，因应社会发展进行制度调试，增强既有制度的包容性、周延性，维持其稳定性。

交强险在自动驾驶汽车时代继续适用有其合理性，包括法律依据、促进技术发展与受害人保护的政策导向。但现行交强险存在责任限额不均衡、投保主体单一、受害人范围狭窄以及保险人追偿权行使事由不再适宜等问题，需要进行调整。在商业险中，自动驾驶技术的引入给传统汽车商业险制度带来了新的挑战，包括事故风险致害可能、传统车辆商业险承继难题等。基于以上难题，提出构建“交强险-产品责任险-车主商业险”的三层级体系，以适应自动驾驶汽车的特点，提供更完善的保障。“交强险-产品责任险-车主商业险”的三层级保险体系需要对现行保险制度进行重构。交强险部分，通过提高责任限额、增加投保主体、扩大受害人范围和修订追偿权行使事由等措施，可以更好地适应自动驾驶时代的发展需求。商业险部分，保险人应当充分考虑到技术的特殊性、法律的空白点以及市场的实际需求，精准把握风险评估的精确性、责任归属的明确性、保费厘定的合理性等因素。并据此确定保险人、被保险人、承保范围以及保费厘定，重构产品责任险与车主商业险的商业保险体系。

在现有的车辆保险框架下，提高车辆保险制度与自动驾驶汽车的适配性，可能是低改革成本、维系制度稳定目标下的最优选择。突破现有制度运行的障碍，发挥车辆保险的正面效用，保护受害人基本权益，为自动驾驶汽车产业的发展保驾护航。

参考文献

一、中文著作

1. 柴占祥、聂天心、[德] Jan Becker 编著:《自动驾驶改变未来》,机械工业出版社 2017 年版。
2. 陈亮、张光君主编:《人工智能时代的法律变革 1》,法律出版社 2020 年版。
3. 程啸:《侵权责任法》(第 3 版),法律出版社 2021 年版。
4. 丁凤楚:《机动车交通事故侵权责任强制保险制度》,中国人民公安大学出版社 2007 年版。
5. 樊启荣:《保险法》,北京大学出版社 2011 年版。
6. 樊启荣:《保险法诸问题与新展望》,北京大学出版社 2015 年版。
7. 郭宏彬:《责任保险专题研究》,中国政法大学出版社 2022 年版。
8. 郭左践:《机动车强制责任保险制度比较研究》,中国财政经济出版社 2008 年版。
9. 江朝国:《保险法基础理论》,中国政法大学出版社 2002 年版。
10. 江朝国:《保险法逐条释义》(第 1 卷~第 4 卷),元照出版有限公司 2015 年版。
11. 江朝国:《强制汽车责任保险法》,元照出版有限公司 2006 年版。
12. 李青武:《机动车责任强制保险制度研究》,法律出版社 2010 年版。
13. 梁慧星:《民法总论》(第 5 版),法律出版社 2017 年版。
14. 刘锐:《机动车交通事故侵权责任与强制保险》,人民法院出版社 2006

年版。

15. 孙建伟、袁曾、袁苇鸣：《人工智能法学简论》，知识产权出版社 2019 年版。
16. 韦康博：《人工智能》，现代出版社 2016 年版。
17. 印通：《机动车强制保险赔偿制度研究——兼论智能机动车强制保险的变革与展望》，法律出版社 2021 年版。
18. 于敏：《机动车损害赔偿责任与过失相抵——法律公平的本质及其实现过程》，法律出版社 2006 年版。
19. 张文显：《法哲学范畴研究》（修订版），中国政法大学出版社 2001 年版。
20. 张新宝、陈飞：《机动车第三者责任强制保险制度研究报告》，法律出版社 2005 年版。
21. 郑志峰：《自动驾驶汽车的私法挑战与应对研究》，中国法制出版社 2022 年版。
22. 邹海林：《责任保险论》，法律出版社 1999 年版。

二、中文译著

1. [澳] 彼得·凯恩：《阿蒂亚论事故、赔偿及法律》，王仰光等译，中国人民大学出版社 2008 年版。
2. [德] 格哈德·瓦格纳：《损害赔偿法的未来——商业化、惩罚性赔偿、集体性损害》，王程芳译，熊丙万、李翀校，中国法制出版社 2012 年版。
3. [德] 格哈德·瓦格纳主编：《比较法视野下的侵权法与责任保险》，魏磊杰等译，中国法制出版社 2012 年版。
4. [德] 乌尔里希·贝克：《世界风险社会》，吴英姿、孙淑敏译，南京大学出版社 2004 年版。
5. [德] 乌尔里希·马格努斯主编：《侵权法的统一：损害与损害赔偿》，谢鸿飞译，法律出版社 2009 年版。
6. [美] 盖多·卡拉布雷西：《事故的成本——法律与经济的分析》，毕竞悦等译，北京大学出版社 2008 年版。

7. ［美］肯尼斯·S. 亚伯拉罕：《美国保险法原理与实务》，韩长印等译，中国政法大学出版社 2012 年版。

8. ［美］乔治·E. 瑞达：《风险管理与保险原理》（第 10 版），刘春江、王欢译，中国人民大学出版社 2010 年版。

9. ［美］乔治·迪翁：《保险经济学前沿问题研究》，朱铭来、田玲、魏华林等译校，中国金融出版社 2007 年版。

10. ［美］斯蒂文·萨维尔：《事故法的经济分析》，翟继光译，北京大学出版社 2004 年版。

11. ［美］所罗门·许布纳等：《财产和责任保险》，陈欣等译，中国人民大学出版社 2002 年版。

12. ［美］小罗伯特·H. 杰瑞、道格拉斯·R. 里士满：《美国保险法精解》，李之彦译，北京大学出版社 2009 年版。

13. ［美］约翰·F. 道宾：《美国保险法》（第 4 版），梁鹏译，法律出版社 2008 年版。

14. ［英］M. A. 克拉克：《保险合同法》，何美欢等译，北京大学出版社 2002 年版。

15. ［英］P. S. 阿狄亚：《合同法导论》，赵旭东等译，法律出版社 2002 年版。

16. ［英］P. S. 阿蒂亚：《“中彩”的损害赔偿》，李利敏、李昊译，北京大学出版社 2012 年版。

17. ［英］奥梅、希尔：《OMAY 海上保险——法律与保险单》，郭国汀等译，法律出版社 2002 年版。

18. ［英］哈罗德·A. 特纳：《海上保险原理》，李学锋等译，中国金融出版社 1987 年版。

19. ［英］帕特里克·林、瑞安·詹金斯，基思·阿布尼主编：《机器人伦理学 2.0：从自动驾驶汽车到人工智能》，毛延伸、刘宇晗、田野译，上海交通大学出版社 2023 年版。

20. ［英］约翰·T. 斯蒂尔：《保险的原则与实务》，孟兴国等译，中国金融出版社 1992 年版。

21. ［英］约翰·伯茨：《现代保险法》，陈丽洁译，河南人民出版社 1987

年版。

三、中文论文

1. 曹建峰、张嫣红：《〈英国自动与电动汽车法案〉评述：自动驾驶汽车保险和责任规则的革新》，载《政策评论》2018 年第 10 期。
2. 陈晓林：《无人驾驶汽车对现行法律的挑战及应对》，载《理论学刊》2016 第 1 期。
3. 董静怡：《汽车快速迈入网联时代数字安全难题待考》，载《21 世纪经济报道》2023 年 5 月 12 日。
4. 董新新：《网联自动驾驶汽车（CAVs）网络安全风险及法律问题研究——以英国、美国最佳实践为视角》，载《太原学院学报（社会科学版）》2019 年第 1 期。
5. 方芳：《自动驾驶汽车法律地位分析》，载《智能城市》2018 年第 17 期。
6. 冯洁：《人工智能体法律主体地位的法理反思》，载《东方法学》2019 年第 4 期。
7. 冯珏：《自动驾驶汽车致损的民事侵权责任》，载《中国法学》2018 年第 6 期。
8. 郭少飞：《人工智能“电子人”权利能力的法构造》，载《甘肃社会科学》2019 年第 4 期。
9. 郭万明：《人工智能体有限法律人格论》，载《广西社会科学》2020 年第 2 期。
10. 韩旭至：《自动驾驶事故的侵权责任构造——兼论自动驾驶的三层保险结构》，载《上海大学学报（社会科学版）》2019 年第 2 期。
11. 何立民：《人工智能系统智能生成机理探索之六——从弱人工智能、强人工智能到超人工智能》，载《单片机与嵌入式系统应用》2020 年第 8 期。
12. 季若望：《智能汽车侵权的类型化研究——以分级比例责任为路径》，载《南京大学学报（哲学·人文科学·社会科学）》2020 年第 2 期。
13. 黎四奇：《对人工智能非法律主体地位的解析》，载《政法论丛》2023

年第5期。
14. 李伟、华梦莲:《论自动驾驶汽车伦理难题与道德原则自我选择》,载《科学学研究》2020年第4期。
15. 刘洪华:《论人工智能的法律地位》,载《政治与法律》2019年第1期。
16. 刘康迪:《人工智能刑事主体资格的否定与思考》,载《市场周刊》2024年第5期。
17. 刘瑞瑞:《人工智能时代背景下的刑事责任主体化资格问题探析》,载《江汉论坛》2021年第11期。
18. 刘艳红:《自动驾驶的风险类型与法律规制》,载《国家检察官学院学报》2024年第1期。
19. 刘召成:《自动驾驶机动车致害的侵权责任构造》,载《北方法学》2020年第4期。
20. 吕群蓉、崔力天:《以〈民法典〉代理权说构建人工智能主体的资格制度研究——基于对现行机器人草案的讨论》,载《成都理工大学学报(社会科学版)》2021年第6期。
21. 马宁:《因应自动驾驶汽车致损风险的保险机制》,载《华东政法大学学报》2022年第1期。
22. 马宁:《中国交强险立法的完善:保险模式选择与规范调适》,载《清华法学》2019年第5期。
23. 彭诚信、陈吉栋:《论人工智能体法律人格的考量要素》,载《当代法学》2019年第2期。
24. 彭诚信:《论民事主体》,载《法制与社会发展》1997年第3期。
25. 沈雨岑、郑仁荣:《AI时代下无人驾驶汽车交强险制度设计——兼评无人驾驶事故侵权责任归属》,载《广西警察学院学报》2021年第3期。
26. 谭九生、胡健雄:《自动驾驶的安全风险及其治理》,载《学术交流》2023年第8期。
27. 王春梅:《人机协同视域下中国自动驾驶汽车责任保险立法构设》,载《上海师范大学学报(哲学社会科学版)》2022年第3期。

28. 王乐兵：《自动驾驶汽车的缺陷及其产品责任》，载《清华法学》2020年第2期。
29. 王燕玲：《人工智能时代的刑法问题与应对思路》，载《政治与法律》2019年第1期。
30. 王莹：《法律如何可能？——自动驾驶技术风险场景之法律透视》，载《法制与社会发展》2019年第6期。
31. 汪信君：《自驾车时代汽车责任保险之应有风貌》，载《月旦法学杂志》2019年第5期。
32. 邢海宝：《智能汽车对保险的影响：挑战与回应》，载《法律科学（西北政法大学学报）》2019年第6期。
33. 许中缘：《论智能机器人的工具性人格》，载《法学评论》2018年第5期。
34. 杨立新：《人工类人格：智能机器人的民法地位——兼论智能机器人致人损害的民事责任》，载《求是学刊》2018年第4期。
35. 杨立新：《自动驾驶机动车交通事故责任的规则设计》，载《福建师范大学学报（哲学社会科学版）》2019年第3期。
36. 杨清望、张磊：《论人工智能的拟制法律人格》，载《湖南科技大学学报（社会科学版）》2018年第6期。
37. 殷秋实：《智能汽车的侵权法问题与应对》，载《法律科学（西北政法大学学报）》2018年第5期。
38. 尤婷、刘健：《自动驾驶汽车的交通事故侵权责任研究》，载《湘潭大学学报（哲学社会科学版）》2021年第2期。
39. 于海纯、吴秀：《自动驾驶汽车交通事故责任强制保险制度研究——一元投保主体下之二元赔付体系》，载《保险研究》2020年第8期。
40. 袁曾：《基于功能性视角的人工智能法律人格再审视》，载《上海大学学报（社会科学版）》2020年第1期。
41. 张继红、肖剑兰：《自动驾驶汽车侵权责任问题研究》，载《上海大学学报（社会科学版）》2019年第1期。
42. 张建文：《格里申法案的贡献与局限——俄罗斯首部机器人法草案述评》，载《华东政法大学学报》2018年第2期。

43. 张力、李倩：《高度自动驾驶汽车交通侵权责任构造分析》，载《浙江社会科学》2018 年第 8 期。
44. 张力毅：《比较、定位与出路：论我国交强险的立法模式——写在〈交强险条例〉出台 15 周年之际》，载《保险研究》2021 年第 1 期。
45. 张龙：《自动驾驶背景下“交强险”制度的应世变革》，载《河北法学》2018 年第 10 期。
46. 张龙：《自动驾驶型道路交通事故责任主体认定研究》，载《苏州大学学报（哲学社会科学版）》2018 年第 5 期。
47. 张志坚：《论人工智能的电子法人地位》，载《现代法学》2019 年第 5 期。
48. 赵申豪：《自动驾驶汽车侵权责任研究》，载《江西社会科学》2018 年第 7 期。
49. 郑志峰：《论自动驾驶汽车的责任保险》，载《荆楚法学》2022 年第 5 期。
50. 郑志峰：《自动驾驶汽车产品缺陷的认定困境与因应》，载《浙江社会科学》，2022 年第 12 期。
51. 郑志峰：《自动驾驶汽车的交通事故侵权责任》，载《法学》2018 年第 4 期。
52. 中央财经大学保险学院大学生“双创”团队：《自动驾驶汽车保险的国际经验》，载《中国保险》2023 年第 2 期。
53. 朱溯蓉：《论风险预防原则在自动驾驶汽车风险上的适用》，载《数字法治评论》2022 年第 2 期。

四、英文著作和论文

1. John Villasenor, *Products Liability and Driverless Cars: Issues and Guiding Principles for Legislation*, Brooking, 2014.
2. K. Abney and G. A. Bekey, *Robot Ethics: The Ethical and Social Implications of Robotics*, London: MIT Press, 2012.
3. P. Lin, K. Abney and G. Bekey, *Current Trends in Robotics: Technology and Ethics*, MIT Press, 2012.

4. K. S. Abraham and R. I. Rabin, "Automated Vehicles and Manufacturer Responsibility for Accidents: A New Legal Regime for a New Era", *Virginia Law Review*, 105 (2019).
5. Alejandro Monarrez, " Autonomous Vehicle Manufacturers: Applying a Common Carrier Liability Scheme to Autonomous Vehicle Manufacturers—and Why Elon Musk Will Be Haunted by His Words", Seattle U. L. Rev. SUpra, 1 (2020).
6. Andrew P. Garza, "Look Ma, No Hands: Wrinkles and Wrecks in the Age of Autonomous Vehicles", NEW ENG. L. REV., 581 (2012).
7. E. Awad et al., "TheMoral Machine Experiment", *Nature*, 563 (2018).
8. Bruce G. Buchanan and Thomas E. Headrick, "Some Speculation About Artificial Intelligenceand Legal Reasoning", *Stanford Law Review*, 62 (1970).
9. Caitlin Brock, " Where We're Going, We Don't Need Drivers: The Legal Issues and Liability Implications of Automated Vehicle Technology", UMKC L. REV., 769 (2015).
10. Christopher B. Emch, "Why the Birth of Autonomous Driving Is the Death of Our 'Right' to Drive", *Pace Law Review*, 40 (2020).
11. A. R. Cowger, "Liability Considerations When Autonomous Vehicles Choose the Accident Victim", *Journal of High Technology Law*, (19) 2018.
12. Dorsa Sadigh et al., "Planning for Autonomous CarsthatL Everages Effects on Human Actions", *Proceedings of the Robotics: Science and Systems Conference (RSS)*, 28 (2016).
13. Zeinab El-Rewini et al., "Cybersecurity Challenges in Venicular Communications", *Venicular Communictions*, 23 (2020).
14. Gary E. Marchant, "The Coming Collision Between Autonomous Vehicles and the Liability System", *Santa Clara L. Review*, 1321 (2012).
15. M. A. Geistfeld, "A Roadmap for Autonomous Vehicles: State Tort Liability, Automobile Insurance, and Federal Safety Regulation", *California Law Review*, 105 (2017).
16. Jeffrey K . Gurney, "Sue My Car Not Me: Products Liability and Accidents

Involving Autonomous Vehicles", *Social Science Electronic Publishing*, 2013 (2013).

17. Jessica Berg, "Of Elephants and Embryos: A Proposed Framework for Legal Personhood", Hastings L. J. , 369 (2007).
18. K. S. Rabin, "Automated Vehicles and Manufacturer Responsibility for Accidents: A New Legal Regime for a New Era", *Virginia Law Review*, 105 (2019).
19. Kyle Colonna, "Autonomous Cars and Tort Liability: Why the Market Will 'Drive' Autonomous Cars Out of the Marketplace", Case W. Res. J. L. Tech. Internet, 81 (2012)
20. M. C. Libicki, L. Ablon and T. Webb, "The Defender's Dilemma: Charting a Course Toward Cybersecurity", *RAND Corporation*, (2015).
21. C. Macrae, "Learning from the Failure of Autonomous and Intelligent Systems: Accidents, Safety, and Sociotechnical Sources of Risk", *Risk Analysis*, 42 (2021).
22. Mathias Lechner et al. , "Neural Circuit Policies Enabling Auditable Autonomy", *Nature Machine Intelligence*, 10 (2020).
23. F. P. Patti, "The European Road to Autonomous Vehicles", *Fordham International Law Journal*, 43 (2019).
24. R. W. Peterson, "New Technology-Old Law: Autonomous Vehicles and California´s Insurance Framework", *Santa Clara Law Review*, 52 (2012).
25. F. Putz et al. , "Adequate and Efficient Allocation of Liability Costs for Automated Vehicles: A Case Study of the German Liability and Insurance Framework", *European Journal of Risk Regulation*, 9 (2018).
26. S. Campbelletal, "Sensor Technology in Autonomous Vehicles: Areview", *Irish Signals and Systems Conference (ISSC)*, 29 (2018).
27. Sophia H. Duffy and Jamie Patrick Hopkins, "Sit, Stay, Drive: The Future of Autonomous Car Liability", SMU Sci. TECH. L. REV. 453 (2013).
28. Andrew Tutt, "An FDA for Algorithms", *Administrative Law Review*, 69 (2017).

29. Walter G. Johnson, "Overhyping Mass Torts for Autonomous Vehicles: Why Preempting Civil Tort Liability Is Unwarranted", J. HIGH TECH. L., 321 (2021).

30. Zuobin Xiong et al., "Privacy -preserving Auto - driving: a GAN-based Approach to Protect Vehicular Camera Data", *International Conference on Data Mining* (*ICDM*), *IEEE*, 2019.

31. C. Yan, W. Xu and J. Liu, "Can You Trust Autonomous Vehicles: Contactless Attacks Against Sensors of Self - driving Vehicle", *Def Con*, 109 (2014).